LE PETIT
CHANSONNIER
FRANÇOIS.
2.e Vol.

LE PETIT CHANSONNIER FRANÇOIS,

OU CHOIX

DES MEILLEURES CHANSONS, SUR DES AIRS CONNUS.

TOME SECOND.

A GENÈVE;

Et se trouve

A PARIS,

Chez la Veuve Duchesne, Libraire, rue St-Jacques,
au-dessus de la rue des Mathurins,
au Temple du Goût.

M. DCC. LXXX.

TABLE
DES AUTEURS

Dont on a recueilli des Piéces dans le
Chanſonnier François.

A

B

a

C

D

H

I

J

L

M

Fin de la Table.

L E

LE PETIT
CHANSONNIER
FRANÇOIS.

TENTATION DE S. ANTOINE.

AIR : *Plus inconstant que l'onde, &c.*

Ciel ! l'Univers va-t-il donc se dissoudre ?
Quel bruit ! quels cris ! quel horrible fracas !
   Devant moi je vois la foudre ;
   Elle tombe par éclats ;
      Tout est en poudre
      Sur mon grabat.
   Grand Dieu ! du haut des Cieux,
     Vois ma disgrace ,
     Et par ta grace ,
     Fais que je chasse
     L'Enfer de ces lieux.

Tome II.   A

AIR : *Du haut en bas.*

C'étoit ainsi
Qu'Antoine exprimoit ses alarmes ;
C'étoit ainsi
Qu'Antoine exprimoit son souci,
Lorsque le Diable, par ses charmes,
Venoit chez lui faire vacarmes ;
C'étoit ainsi.

AIR des *Folies d'Espagne.*

L'on vit sortir d'une grotte profonde
Mille démons, mille spectres divers ;
Des noirs esprits toute la troupe immonde,
Pour le tenter déserta les Enfers.

AIR : *Turelure lure , & flon flon.*

L'on vit des Démons
De tous les cantons,
De la Ville & de la Campagne ;
De la Cochinchine & de l'Espagne ;
L'on y vit des Diables blondins,
Des bruns, des gris & des chatains ;
Les bruns sur-tout , méchans lutins,
Faisoient remuer des pantins.

(3)

Turelure lure,
Et flon flon ;
Tous avoient leur ton,
Leur allure.

AIR : *La faridondaine.*

Quelques-uns prirent le cochon
De ce bon Saint Antoine,
Et lui mettant un capuchon,
Ils en firent un Moine :
Il n'en coûtoit que la façon,
La faridondaine,
La faridondon ;
Peut-être en avoit-il l'esprit,
Biribi,
A la façon de Barbari,
Mon ami.

AIR : *Sous un Ormeau.*

Sur un sopha,
Une Diablesse en falbala,
Aux regards fripons,
Découvroit deux jolis monts
Ronds.

A 2

AIR : *Au fond de mon Caveau.*

Ronflant comme un cochon,
L'on voyoit fur un trône
Un des Envoyés de Pluton ;
Il portoit pour couronne
Un vieux réchaud de fer fans fond,
Et pour fceptre un tifon ;
Sous fes pieds un démon,
En forme d'un dragon,
Vomiffoit du canon.
Le diable s'éveille, & s'étonne ;
Et dit : Garçon

AIR : *La Pierre Fitoife, Contredanfe.*

Courez vîte ; prenez le patron,
Et faites-le moi danfer en rond :
Courez vîte ; prenez-le patron ;
Tirez-le par fon cordon.
Bon !
Meffieurs les Démons, laiffez-moi donc !
Non, tu chanteras,
Tu fauteras,
Tu danferas.
Courez vîte ; prenez le patron,
Tirez-le par fon cordon.
Bon !

AIR : *Quand la mer rouge apparut.*

Le Saint craignant de pécher
Dans cette aventure,
Courut vîte se cacher
Sous sa couverture ;
Mais montant sur son châlit,
Il rencontra dans son lit
Une Concubine ;
C'étoit Proserpine.

AIR : *Nous autres bons Villageois.*

Piqué dans ce bacanal,
D'avoir vu qu'on brisoit sa cruche,
Et qu'un derriere infernal
Avoit fait caca dans sa huche ;
Crainte aussi de tentation,
Notre Saint prit un goupillon,
Et flanque aux Démons étonnés
De l'eau bénite par le nez.

AIR *du second quatrain des Folies d'Espagne.*

Tel qu'un voleur, sitôt qu'il voit main-forte ;
Tel qu'un soldat à l'aspect des Prévôts :
L'on vit s'enfuir l'infernale cohorte,
Et s'abîmer dans ses affreux cachots.

A I R : *Ah ! maman , que je l'échappe belle.*

Ah ! mon Dieu ! que je l'échappe belle !
Dit le Saint tremblant ,
Tout en sortant
De sa ruelle.
Ah ! mon Dieu ! que je l'échappe belle !
Un moment plus tard ,
Je faisois le Diable cornard.

A I R : *Le Démon malicieux & fin.*

Le Démon , quoiqu'il passe pour fin ,
Ne fut pas ce jour assez malin.
S'il eut pris la forme de Toinette ,
Cet air charmant , sa taille & ses appas ;
C'étoit fait ! la Grace étoit muette ,
Et Saint Antoine eut volé dans ses bras.

M. SÉDAINE.

LA BELLE GABRIELLE.

CHARMANTE Gabrielle !
Percé de mille dards,
Quand la Gloire m'appelle
A la suite de Mars :
  Cruelle départie !
    Malheureux jour !
  Que ne suis-je sans vie,
    Ou sans amour !

Partagez ma Couronne,
Le prix de ma valeur ;
Je la tiens de Bellonne ;
Tenez-la de mon cœur.
  Cruelle départie !
    Malheureux jour !
  C'est trop peu d'une vie
    Pour tant d'amour.

Attribué à HENRI IV.

L'HEUREUSE ILLUSION.

L'excès de la délicatesse
Est le poison de la tendresse;
Il faut de la crédulité.
    Un Amant nous jure
Que de nous il est enchanté;
    Fut-ce une imposture,
Croyons qu'il dit la vérité.
    Il est souvent fâcheux
De s'y trop bien connoître :
    Se croire heureux,
    N'est-ce pas l'être ?

LE SAGE.

LE BUVEUR.

AIR : *Ton himeur est Catherine.*

QUE Phœbus gîte dans l'onde,
Ou si haut fasse son tour,
Je bois toujours à la ronde,
Le vin est tout mon amour.
Soldat du fils de Sémèle,
Tout le tourment qui me poinct,
C'est quand mon ventre gromelle,
Faute de ne boire point.

Aussi-tôt que la lumiere
Vient redorer nos côteaux,
Poussé du defir de boire
Je caresse les tonneaux.
Ravi de revoir l'Aurore,
Le verre en main, je lui dis :
Vois-tu donc plus, chez le More,
Que fur mon nez, de rubis ?

Si quelque jour, étant ivre,
La Parque arrête mes pas,

Je ne veux point , pour revivre ,
Quitter un si doux trépas :
Je m'en irai dans l'Averne
Faire enivrer Alecton ,
Et planterai ma taverne
Dans la chambre de Pluton.

Maître ADAM , Menuisier.

A MADAME DE**.

AIR : *Il n'y a que sept lieues de Paris
à Pontoise.*

VOUS ne devez tenir compte à personne
De son respect , de son attachement :
Mais sachez gré du tourment qu'on se donne ,
Pour vous cacher un autre sentiment.
Vous ne devez tenir compte à personne
De son respect , de son attachement.

Le Vicomte DE LA POUJADE.

LA CRAINTE TARDIVE.

Air : *Tant de valeur & tant de charmes.*

Songez-bien que l'Amour sait feindre,
Redoutez un sage Berger :
On n'est que plus près du danger,
Quand on croit n'avoir rien à craindre.

Daphnis... Ah ! quelle adresse extrême
Il employoit pour me charmer !
Croiroit-on qu'on se fait aimer,
En ne disant point : je vous aime ?

D'aimer on doit bien se défendre,
Me disoit-il dans ses Chansons ;
Mais il formoit de si doux sons,
Qu'on s'attendrissoit à l'entendre.

Des Amans me peignant l'ivresse,
Il m'entretenoit tout un jour ;
C'étoit pour condamner l'Amour ;
Mais c'étoit en parler sans cesse.

Si je chantois dans le bocage ,
Pour m'écouter , il s'arrêtoit ;
Une autre Bergere chantoit ,
Il s'en retournoit au Village.

Daphnis , enfin , sut me contraindre
A partager sa tendre ardeur ;
Je sentis qu'il avoit mon cœur ,
Quand je commençois à le craindre.

L'AMOUR CAPTIF.

AIR: *Sous un Ormeau.*

Dans un détour,
Me promenant au bois un jour,
J'apperçus l'Amour
Assis auprès d'un tilleul,
Seul.
A l'aspect du trompeur,
Je recule en tremblant de frayeur ;
Mais il a l'air si doux !
Qu'ai-je à craindre ? approchons... sauvons-nous!
O sort heureux !
Le traître dort, tout sert mes vœux ;
Ses yeux dangereux
Sont couverts d'un voile épais...
Paix !

❧❧

Pour lui prendre ses traits,
Dans ces lieux, tenons-nous aux aguets.
Essayons si par-là
Je pourrai... doucement... Les voilà !
Ne tardons pas,
Pour l'enchaîner formons des lacs ;

Mais que fais-je, hélas !
S'il s'éveilloit !... Non, il dort
Fort.
Raſſurons nos eſprits ;
Serrons-le, dans ces nœuds il est pris.
Le cruel auſſi-tôt
Fait un cri, ſe réveille en ſurſaut.
Tyran des cœurs,
Reçois le prix de tes rigueurs.
Je ris de tes pleurs ;
Dans mes liens
Je te tiens ;
Viens.

Il répond en ces mots :
Ecoutez mes ſoupirs, mes ſanglots ;
Je ſuivrai votre loi ;
Je vous jure un reſpect... lâchez-moi.
Tu me promets
De ne troubler jamais, jamais,
La tranquille paix,
Dont juſqu'ici
J'ai joui ?
Oui.

Pourquoi faire captif
Un enfant qui paroît ſi naïf ?

Je le fais trop souffrir :
Délions, je me sens attendrir.
Tu m'as lâché,
Me dit l'Amour d'un air touché ;
Et d'un trait caché ,
L'ingrat, hélas !
Me perça.
Ah !

Tout mon sang se troubla ;
Le perfide, en riant, s'envola.
Je me sens pénétrer
D'une ardeur . . . & ne puis respirer.
Voilà comment
L'Amour content
Tient son serment.
Ah ! Dieux ! quel tourment
Ainsi que lui tout Amant
Ment.

M. FAVART.

DEMAIN.

AIR : *Nous autres bons Villageois.*

DEMAIN est un jour qui fuit
Lorsque vous croyez qu'il s'avance ;
Au milieu de chaque nuit,
Il perd son nom dans sa naissance.
Lorsqu'on croit se saisir de lui,
On trouve que c'est aujourd'hui.
Jusqu'à ce jour, aucun humain
N'a pu voir arriver demain.

FUZELIER.

LES

LES DIFFÉRENS ÉTATS.

AIR : *Et voilà comme l'homme , &c.*

Insensés ! nous ne voyons pas
Les chagrins des autres États ,
Et nous voulons changer le nôtre
Souvent contre celui d'un autre ,
A qui le sien déplaît autant ;
  Et voilà comme
   L'homme
  N'est jamais content.

Heureux est le petit Colet ,
Dit le Marquis avec regret !
Mais sous cet habit qui le gêne
L'Abbé qui le porte avec peine ,
Trouve son rôle rebutant ;
  Et voilà comme
   L'homme
  N'est jamais content.

Que le Marchand fait de bons coups ,
Dit le Rentier d'un ton jaloux !

Tome II.   B

L'autre dit que dans le commerce,
Tout le trahit, tout le traverse,
Qu'on ne voit plus d'argent comptant ;
Et voilà comme
L'homme
N'est jamais content.

L'hymen a-t-il joint, par ses nœuds,
L'Amant à l'objet de ses vœux :
L'Epouse perd sa bonne mine ;
L'Epoux trouve chez la voisine
Je ne sais quoi de plus tentant :
Et voilà comme
L'homme
N'est jamais content.

Lorsqu'à Tircis, pour l'appaiser,
Cloris laisse prendre un baiser,
Il veut une faveur plus grande ;
Plus il obtient, plus il demande ;
Ses desirs vont en augmentant ;
Et voilà comme
L'homme
N'est jamais content.

L'enfant voudroit devenir grand,
Le vieillard être adolefcent,
La fille être femme & puis veuve,
La veuve fe donner pour neuve,
La vieille fixer un amant ;
    Et voilà comme
      L'homme
  N'eft jamais content.

Mufique & paroles du RÉGENT.

LA CONSTANCE.

AIR : *Adieu donc, cher la Tulippe.*

LA beauté toujours nouvelle,
Rend mon feu toujours nouveau.
J'aimerai jufqu'au tombeau
Mon aimable Tourterelle ;
Et fi l'ame eft immortelle,
  Nos amours
Dureront toujours.

        CRÉBILLON, Pere.

A MADAME DE**,

Pour sa Fête.

AIR : *Babet m'a sçu charmer.*

SI tu veux imiter,
Agathe, ta Patrone,
Il faut te contenter,
Comme elle, d'être bonne.
Joins à sa douceur,
Cette aimable humeur
Que la vertu respire.
Mais ne sois Sainte de long-tems ;
Et, pour qu'on te fête céans,
Garde-toi bien d'être à trente ans
Ni Vierge ni Martyre,
Ni Vierge ni Martyre.

M. DE QUERLON.

LA MÉFIANCE.

AIR *de Joconde.*

LISANDRE suit par-tout mes pas ;
   Je ne veux plus l'entendre :
Il m'aime, il me le jure ; hélas !
   Que son discours est tendre !
Amour, n'as-tu donc des appas
   Que pour nous mieux surprendre ?
Que de raisons pour n'aimer pas :
   Mais comment s'en défendre ?

Ce Berger est fait pour charmer,
   Je ne saurois le taire ;
Mais il peut feindre de m'aimer,
   Et ne chercher qu'à plaire.
Amour, n'as-tu donc des appas
   Que pour nous mieux surprendre ?
Que de raisons pour n'aimer pas :
   Mais comment s'en défendre ?

Amour, caches mon embarras,
   Ou rend constant Lisandre.

B 3

A faire des Amans ingrats ,
Quel plaisir peux-tu prendre ?
Cruel , n'as-tu donc des appas
Que pour nous mieux surprendre ?
Que de raisons pour n'aimer pas :
Mais comment s'en défendre ?

LE PRÉCIEUX VERRE.

JE ne changerois pas , pour la Coupe des Rois ,
Ce petit Verre que tu vois.
Ami , c'est qu'il est fait de la même fougere
Sur laquelle , cent fois ,
J'amusai ma Bergere.

MORFONTAINE.

IMITATION D'ANACRÉON.

Que ne suis-je la fougere
Où, sur le soir d'un beau jour,
Se repose ma Bergere,
Sous la garde de l'Amour !
Que ne suis-je le zéphire
Qui rafraîchit ses appas,
L'air que sa bouche respire,
La fleur qui naît sous ses pas !

Que ne suis-je l'onde pure
Qui la reçoit dans son sein !
Que ne suis-je la parure
Qu'elle met sortant du bain !
Que ne suis-je cette glace,
Où son minois répeté
Offre à nos yeux une Grace
Qui sourit à la Beauté !

Que ne suis-je l'oiseau tendre
Dont le ramage est si doux,
Qui, lui-même, vient l'entendre,
Et mourir à ses genoux !

B 4

Que ne suis je le caprice
Qui caresse son desir,
Et lui porte en sacrifice
L'attrait d'un nouveau plaisir !

Que ne puis-je, par un songe,
Tenir son cœur enchanté !
Que ne puis-je, du mensonge,
Passer à la vérité !
Les Dieux qui m'ont donné l'être,
M'ont fait trop ambitieux :
Car, enfin, je voudrois être
Tout ce qui plaît à ses yeux.

RIBOUTTÉ.

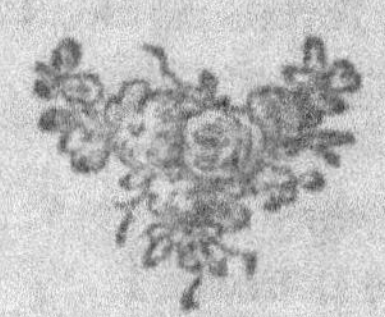

LA COMMODITÉ DES FIACRES.

AIR : *Fille qui voyage en France.*

DANS un amoureux myſtere,
Un Fiacre eſt d'un grand ſecours ;
Du voyage de Cythère
Il précipite le cours :
Chaque ſecouſſe
Fait avancer les Amours,
Sans qu'on les pouſſe.

Près d'un Bal, un Fiacre habile
S'alla placer à propos.
L'Amour trouvant cet aſyle
Propre à cacher ſes travaux,
Ouvrit ſa bourſe,
Et lui paya ſon repos
Plus que ſa courſe.

GRÉCOURT.

CHANSON A BOIRE.

QUEL effroyable bruit ! quels feux étincelans !
Jupiter, aux Mortels, déclare-t-il la guerre ?
    Veut-il encor, par son tonnerre,
    Foudroyer de nouveaux Titans ?
Gronde tonnerre affreux, & ravage le Monde
    Par tes redoutables fureurs ;
Fais tout trembler d'effroi, sur la terre & sur l'onde :
Mais respecte du moins la vigne & les Buveurs.

LE BRUN.

MAROTTE.

AIR : *La Calotine.*

J'AI la marotte
D'aimer Marotte ;
Je la préfere à
Nos Sœurs de l'Opéra.
C'est une impure
Presque aussi sûre
Que ces belles Demoiselles-là.

C'est qu'elle est jolie !
C'est qu'elle est polie ! . . .
C'est qu'elle est d'une folie ! . . .
Elle se rit toujours de quelqu'un . . .
De l'esprit sans suite ,
Sa conduite
N'a pas le sens commun.

J'ai la marotte
D'aimer Marotte :
Quoique trop ouverts ,
Je préfere ses airs
Aux graves mines
De nos Robines ,
Dont l'orgueil est le moindre travers.

Cet hiver, par accident,
La veuve d'un Préſident
M'avoit pris en attendant ;
Et ce printems,
J'eus quelque tems,
La femme d'un Intendant ;
Mais à corps défendant.
Combien je ſouffris !
Si c'eſt, mes amis,
Un malheur d'être pris
Par des Préſidentes,
C'eſt encor pis,
D'avoir des Intendantes.

J'ai la marotte
D'aimer Marotte ;
Habile en amour
Elle y ſait plus d'un tour.
C'eſt une aiſance,
Une indécence :
On croit voir une femme de Cour.
De ces femmes-là,
J'en ai juſques-là ;
Ces fortunes-là
Ne ſont pas de grandes trouvailles,
Et l'on en aura
Tant qu'on en voudra,
D'autant qu'à Verſailles

C'est à qui s'en s'en défera.
Mais ici déjà,
L'on en veut à
Ma pauvre Marotte ;
Déja l'on complotte
De me l'accrocher.
On veut chercher
A s'aboucher ;
On offre cher
En viager :
Je l'ai fait déloger.

❧

Un des meilleurs
Enchérisseurs ;
O tems ! ô mœurs !
C'est . . . il faut que je nomme
L'homme ;
C'est un riche Abbé titré,
Mitré ,
Taré :
Son nom , c'est . . . non ,
Ne disons pas tout haut son nom.
Mais si je ne le nomme pas ,
Autre embarras :
Le Clergé qu'on vient d'assembler
Me fait trembler.
Tous nos Prélats,
Gens délicats ,

Qui jeûneront,
D'abord prendront
Ce qu'ils pourront ;
Puis chercheront ,
Déterreront
Marotte, & me l'enléveront.
Marotte est faite exprès pour eux :
Elle a des yeux
Tendres & bleus ,
Bien scandaleux ;
Quand elle lorgne , il est douteux
Si Marotte ne fait pas mieux.
Sur nos Pontifes indécens ,
Ces charmes-là sont bien puissants ;
Et d'ailleurs , Marotte a des sens
Récompensants
Les insolents
Qui montrent des talents.

J'ai la marotte
D'aimer Marotte ;
Tant que je pourrai ,
Je la conserverai ;
Mais s'il arrive
Que l'on m'en prive ,
Je m'en … ma foi ! je m'en passerai.

M. COLLÉ.

LE BAISER.

AIR : *Quand vous entendrez le doux zéphir.*

BAISER charmant, signal des plaisirs,
Du tendre amour flatteuses prémices !
Quel doux espoir luit à mes desirs,
Sous tes heureux auspices !

Quels feux naissans !
Quels transports pressans !
La pudeur farouche
Céde & consent.
L'ame est sur la bouche ;
Par elle on se touche,
Par elle on se rend.
Baiser charmant, &c.

Fleurs, vous naissez,
Vous embellissez ;
Mais le jour expire ;
Vous languissez ;
Le tendre zéphire
Vous baise, soupire,
Et vous renaissez.

Baiser charmant , signal des plaisirs ;
Du tendre amour flatteuses prémices !
Quel doux espoir luit à mes desirs ,
Sous tes heureux auspices !

M. MARMONTEL.

COUPLET.

A I R : *La trop innocente Colette , ou comme*
v'là qu'c'est fait.

S U R le prix de ta gentillesse ,
Lise , ne vas pas tracasser ;
Fille à quinze ans qui se redresse ,
Voudroit à trente caresser.
Jadis certain sage de Grèce
Vint à Laïs , pour l'embrasser :
La Dame tint trop sur l'espéce.
Oh ! bien , dit-il, faut s'en passer :
    N'y a qu'à m'laisser ,
    N'y a qu'à m'laisser.

L'ENTHOUSIASME

L'ENTHOUSIASME DE L'AMOUR.

J'AIME une ingrate Beauté,
Et c'est pour toute ma vie.
Je n'ai plus de volonté ;
Ma liberté m'est ravie.
   Thémire a des rigueurs :
   Mais mon cœur les préfere
   Aux plus douces faveurs
   De toute autre Bergere.

Quand aux champs, dès le matin,
Le soin du troupeau l'appelle,
Le Ciel devient plus serein,
Le jour se leve avec elle.
   Les amoureux Zéphirs
   Naissent de son haleine,
   Et mes tendres soupirs
   La suivent dans la plaine.

Le Rossignol va chantant,
Joyeux de la voir si belle.
Le Papillon voltigeant
La prend pour la fleur nouvelle.

Tome II,   C

Pour mourir sur son sein,
On voit les fleurs éclore ;
De l'éclat de son tein,
La rose se colore.

Malgré sa timidité,
Qui la rend plus belle encore,
D'une douce volupté,
Dans ses yeux, j'ai vû l'aurore ;
Et sa bouche exprimer,
Par un tendre sourire,
Ce doux plaisir d'aimer,
Qu'elle craint & desire.

M. FAVART.

L'ANCIEN ET LE NOUVEAU TEMS.

Dans ma jeunesse,
La vérité régnoit,
La vertu dominoit,
La constance brilloit,
La bonne-foi régnoit
Entre l'amant & la maitresse.
Aujourd'hui ce n'est plus cela :
Ce n'est qu'injustice,
Trahison, malice,
Changement, caprice,
étours, artifice,
Et l'amour va
Cahin, caha ;
Et l'amour va
Cahin, caha.

Dans ma jeunesse,
Les Veuves, les Mineurs
Avoient des Défenseurs,
Avocats, Procureurs,
Juges & Rapporteurs,
Soutenoient leur foiblesse.

(36)

Aujourd'hui ce n'est plus cela ;
    L'on gruge, l'on pille
    La veuve, la fille,
    Mineur & pupille ;
    Sur tout on grapille ;
        Et Thémis va
        Cahin, caha,
        Et Thémis va
        Cahin, caha.

        Dans ma jeunesse,
    Quand deux cœurs amoureux
    S'unissoient tous les deux,
    Ils sentoient mêmes feux ;
    De l'hymen les doux nœuds
    Augmentoient leur tendresse.
Aujourd'hui ce n'est plus cela :
    Quand l'hymen s'en mêle,
    L'ardeur la plus belle
    N'est qu'une étincelle,
    L'Amour bat de l'aile,
        Et l'Epoux va
        Cahin, caha.
        Et l'Epoux va
        Cahin, caha.

Dans ma jeuneſſe,
On voyoit des Auteurs,
Fertiles producteurs,
Enchanter les Lecteurs,
Charmer les Spectateurs
Par leur délicateſſe.
Aujourd'hui ce n'eſt plus cela :
Les vers aſſoupiſſent,
Les ſcènes languiſſent,
Les Muſes gémiſſent,
Succombent, périſſent ;
    Pégaſe va
    Cahin, caha.
    Pégaſe va
    Cahin, caha.

Dans ma jeuneſſe,
Les Papas, les Mamans,
Sévères, vigilans,
En dépit des Amans,
De leurs tendrons charmans
Conſervoient la ſageſſe.
Aujourd'hui ce n'eſt plus cela :
L'Amant eſt habile,
La Fille docile,
La Mere facile,
Le pere imbécile,

C 5

Et l'honneur va
Cahin , caha.
Et l'honneur va
Cahin , caha.

PANARD.

AIR.

Pour écarter l'indifférence ,
Il est tant de secrets charmans ;
Faut-il que contre l'inconstance ,
L'Amour n'ait point de talismans !
Faut-il que contre l'inconstance ,
L'Amour n'ait point de talismans !

L'Abbé D'ANFREVILLE.

LE MOINE GRIS.

Air *du Biribi.*

Gens de bien, prêtez silence,
Plaignez mon destin maudit
Qui me fait aimer Hortense,
Qu'un Moine en secret instruit.
Dieu vous garde du Moine gris,
Biribi,
Dieu vous garde du Moine!

Si par mon bien je la tente,
Par mon rang, par mon crédit:
Lui, plus modeste, ne vante
Que son âge & son habit.
Dieu vous garde du Moine gris,
Biribi,
Dieu vous garde du Moine!

Si je parle à la perfide,
L'Amour me rend interdit:
Mais lui, d'un regard avide
Accompagne son débit.

C 4

Dieu vous garde du Moine gris ,
    Biribi ,
Dieu vous garde du Moine !

Si je vole chez la Belle
    Sitôt que l'aurore luit ,
Je trouve chez l'infidelle
    Mon rival qui s'établit.
Dieu vous garde du Moine gris ,
        Biribi ,
    Dieu vous garde du Moine !

A sa porte , en Petit-Maître ,
    Si je fais le guet la nuit ,
Je le vois par la fenêtre
    Qui , malgré moi , s'introduit.
Dieu vous garde du Moine gris ,
        Biribi ,
    Dieu vous garde du Moine !

Si je cause à sa ruelle ,
    Il s'assit dessus son lit ;
Et si je bois avec elle
    Quatre coups , il en boit huit.
Dieu vous garde du Moine gris ,
        Biribi ,
    Dieu vous garde du Moine !

PONTDEVEL.

ANNETTE.

Annette, à l'âge de quinze ans,
Est une image du Printems :
C'est l'aurore d'un beau matin,
Qui ne veut naître,
Et ne paroître
Que pour Lubin.

Son tein bruni par le soleil,
Est plus piquant, est plus vermeil :
Blancheur de lys est sur son sein ;
Mouchoir le couvre,
Et ne s'entr'ouvre
Que pour Lubin.

Sa bouche appelle le baiser ;
Son regard dit qu'on peut oser ;
Mais tout autre oseroit en vain :
C'est une Rose,
Qui n'est éclose
Que pour Lubin.

Feue Madame FAVART.

L'UNION DE LA NATURE.

AIR : *Ton himeur est, Catherine.*

FAIS-NOUS brûler de tes flammes,
Amour, c'est l'unique bien ;
Qu'il est doux d'unir deux ames !
Mais pour former ce lien,
Tendres Amans, pour Notaires,
Ne prenez que le plaisir,
Pour témoins, que le mystère,
Pour Prêtre, que le desir.

M. SAURIN.

LA MEILLEURE ÉTUDE.

AIR *du Prévôt des Marchands.*

J'AIME beaucoup mon Cabinet ;
Je passe en ce réduit secret
Plus de la moitié de ma vie.
Mais ne crois pas, pauvre idiot,
Que là, je lise & j'étudie ;
Non, non, je ne suis pas si sot.

Ce n'est Descartes, ni Newton,
Ni Virgile, ni Cicéron ;
Ce n'est Socrate ni Sénéque,
Ni Platon, surnommé Divin,
Qui forme ma bibliothéque ;
Mais force liqueur & bon vin.

Thémire, dont je suis la loi,
Vient philosopher avec moi ;
Le Spectacle de la Nature,
Que, tour-à-tour, nous nous prêtons,
Y fait notre unique lecture ;
Nuit & jour nous le feuilletons.

Entre nous deux , jamais d'ergo ,
Ni de sophisme en Baroco.
Nous laissons ces vaines sciences ,
Et nous tirons tout simplement
Nos preuves & nos conséquences ,
Du fond même du sentiment.

Sans alembiquer des secrets
Métaphysiques , trop abstraits ,
C'est en consultant la Nature
Que nous allons à son Auteur ;
Et dans la belle Créature ,
Nous admirons le Créateur.

C'est dans cet aimable réduit ,
Que nous travaillons jour & nuit.
Des loix de la saine physique
Nous faisons notre amusement ,
Et nous réduisons en pratique
Les principes du mouvement.

M. L'Abbé DE LATTAIGNANT.

LE DOUBLE TRAIT.

L'Amour caché dans un buisson,
 Vit Colin & Nannette :
Tout aussi-tôt , ce Dieu fripon
 Joua de l'arbalette ;
Et de la fille & du garçon
 Ne fit qu'un fur l'herbette.

Fier de ce coup , il s'approcha
 Du couple qui se pâme ;
Mais ce spectacle le toucha ,
 Et par un trait de flamme
Qu'avec roideur il décocha ,
 Ce Dieu leur rendit l'ame.

Colin , le premier se dressant ,
 Joyeux outre mesure ,
Dit à Nannette , en l'embrassant :
 Comment va ta blessure ?
Elle répond , en rougissant ,
 Ta santé me rassure.

BAINVILLE.

LE PORTRAIT MULTIPLIÉ.

N'êtiez-vous point cette Armide
Qui savoit si bien charmer ?
Est-ce en vous voyant qu'Ovide
Composa son art d'aimer ?
Quand Zéphir étoit fidelle,
D'une tendresse si belle,
N'étiez-vous pas l'aimable objet ?
Un Enfant qui suit vos traces,
Cent fois m'a dit en secret :
Tout ce qui te peint les Grâces,
De Thémire est le portrait.

MONCRIF.

LES FAUSSES ILLUSIONS.

AIR *de Joconde.*

AMI, tel est notre destin :
   Tout passe dans la vie.
Quand je quittai le Dieu du vin,
   Je brûlai pour Sylvie.
Les Muses même, trop souvent,
   Ont reçu mon hommage :
Je les redoute maintenant ;
   Mais, en suis-je plus sage ?

Tu te trompes, si tu le crois ;
   Et la Sagesse austere,
Vainement fait parler des droits
   Que le desir fait taire.
Le cœur est fait pour le plaisir,
   Il est jeune à tout âge ;
Interdisez-lui le desir :
   Quel sera son usage ?

Espoir de succès & d'honneurs,
   Séduisante manie ;
Phosphores brillants & trompeurs,
   Laissez en paix ma vie :

Contre vous je combats envain ,
Quand la gloire vous guide ;
Mais , plus l'esprit se trouve plein ,
Et plus le cœur est vuide.

Froid & redoutable poison ,
  D'un cœur tendre & sensible ;
Tyran , qu'on appelle Raison ,
  Que ton joug est pénible !
Lorsque sous la loi des desirs
  Je bénissois mes chaînes ,
Je ne comptois que mes plaisirs :
  Tu calcules mes peines.

M. DE LA PLACE.

LE

LE PHILOSOPHE.

AIR : *Pour vivre ici sans regret.*

Pour vivre ici sans regret,
Amis, je sais un secret.
Toujours d'envie en envie,
Je vais égayant ma vie :
    Je ris, je bois ;
Les plaisirs sont faits pour moi.

La sagesse est un grand bien,
Dit un Vieux qui ne peut rien ;
Mais en attendant cet âge,
Où je deviendrai si sage,
    Je ris, je bois ;
Les plaisirs sont faits pour moi.

S'il ne falloit que mourir,
A rien je n'irois courir.
La mort de tout soin délivre ;
Mais, item, puisqu'il faut vivre,
    Je ris, je bois ;
Les plaisirs sont faits pour moi.

A la table , comme au lit ,
Je fais tout mettre à profit.
Sans qu'aucuns foins me traverfent ;
L'Amour & Bacchus me bercent ;
 Je ris , je boi ;
Les plaifirs font faits pour moi.

❧

Quand on eft fans paffions ,
On vit fans tentations :
Mais moi qui ne fuis pas dupe ,
A fuccomber je m'occupe ;
 Je ris , je boi ;
Les plaifirs font faits pour moi.

Attribuée au Régent.

LA GÉNÉRATION PRÉCOCE.

VAUDEVILLE.

AIR : *N'y a plus d'enfans.*

QU'UNE fille étoit étonnée,
Le premier jour de l'hymenée !
Pour l'instruire il falloit du tems ;
A présent de peine on est quitte,
On trouve femme toute instruite :
    N'y a plus d'enfans,
    N'y a plus d'enfans.

A trente ans, jadis une fille
Songeoit à se mettre en famille ;
Ah ! combien on perdoit de tems !
On en fait un meilleur usage,
Dès douze ans on entre en ménage :
    N'y a plus d'enfans,
    N'y a plus d'enfans.

Nos vieux aïeux, froides idoles,
A vingt ans alloient aux Écoles ;
Ils voyoient tard leurs descendans ;

D 2

Qu'ils étoient sots ! Pour moi j'espère
Qu'à quinze ans je me verrai père.
   N'y a plus d'enfans,
   N'y a plus d'enfans.

Un Gascon vante sa naissance,
Un Parvenu son opulence ;
Chacun se met au rang des Grands.
Le Bréteur fait l'homme de guerre,
Plus d'une fille fait la mere.
   N'y a plus d'enfans,
   N'y a plus d'enfans.

C'est bien vainement que ma mere,
De l'Amour me fait un mystère ;
Je n'ai qu'onze ans, mais je me sens ;
Et quand mon petit cœur soupire,
J'entends bien ce qu'il me veut dire.
   N'y a plus d'enfans,
   N'y a plus d'enfans.

Du tems que vivoit mon grand-Pere,
Dans l'excès on ne donnoit guère,
On étoit jeune à cinquante ans ;
A présent, dès l'adolescence,
Hélas ! la vieillesse commence.

N'y a plus d'enfans,
N'y a plus d'enfans.

Avant de savoir l'art profane,
Qu'au Palais on nomme chicane,
Un Procureur passoit trente ans ;
A présent, fort jeune on y brille,
Le moindre petit Clerc vous pille.
   N'y a plus d'enfans,
   N'y a plus d'enfans.

Aimer sans perdre l'innocence,
Sécher dans la persévérance,
C'étoit l'usage au bon vieux tems ;
A présent on n'est plus si dupe,
A languir, bien fou qui s'occupe.
   N'y a plus d'enfans,
   N'y a plus d'enfans.

Jadis l'ignorante Jeunesse,
N'osoit décider d'une Piéce,
C'étoit l'emploi des vieux Savans ;
Aujourd'hui le goût prévient l'âge,
Chacun peut juger d'un Ouvrage.
   N'y a plus d'enfans,
   N'y a plus d'enfans.

LE NIAIS.

AIR : *Et voilà comme & voilà justement, &c.*

BLAISE un jour voulant m'embrasser,
Je fis semblant de me mettre en colere ;
Le sot alors, pour m'appaiser,
Me promit bien de n'y plus retourner.
Pierrot fait mieux ce qu'il faut faire,
Ce que je n'ose donner il le prend ;
Et voilà comme, & voilà justement,
Comme il faut que fasse un Amant.

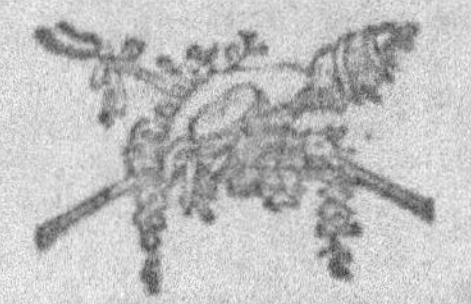

SUR LA PREMIERE SÉMIRAMIS,

TRAGÉDIE DE M. DE V.....

A I R : *Paris est au Roi.*

Blasphêmes nouveaux,
Vieux dictons dévots,
Hapelourdes, pavots,
Et brides à veaux ;
Que n'a t-on pas mis
Dans Sémiramis ?
Que dites-vous, amis,
De ce beau salmis ?
Mauvais rêve,
Sacré glaive,
Billet, cassette & bandeau :
Sot oracle,
Faux miracle,
Prêtres & Bedeaux,
Chapelle & tombeaux.
Blasphêmes nouveaux,
Vieux dictons dévots,
Hapelourdes, pavots,
Et brides à veaux.
Que n'a-t-on pas mis

D 4

Dans Sémiramis ?
Que dites-vous, amis,
De ce beau salmis ?
Tous les Diables en l'air,
Une nuit, un éclair,
Le phantôme du Festin de Pierre,
Bruit sous terre,
Grand tonnerre,
Foudres & carreaux,
États - Généraux.
Blasphèmes nouveaux,
Vieux dictons dévots,
Hapelourdes, pavots,
Et brides à veaux.
Que n'a-t-on pas mis
Dans Sémiramis ?
Que dites-vous, amis,
De ce beau salmis ?
Reconnoissance au bout,
Amphigouri par-tout.
Inceste, mort aux rats, homicides,
Parricides,
Matricides,
Bel imbroglio,
Joli quiproco.
Blasphèmes nouveaux,
Vieux dictons dévots,
Hapelourdes, pavots,

Et brides à veaux ;
Que n'a-t on pas mis
Dans Sémiramis ?
Battez des mains , amis ,
A ce beau salmis.

PIRON.

LA COMMERÇANTE.

AIR: *De la béquille du Pere Barnaba.*

Sur les vaisseaux d'Amour ,
Commerçante gentille ,
Thérèse mit un jour
Ses gants en pacotille :
Hélas ! la pauvre fille ,
Pour tout gain n'attrapa ,
Qu'un grand coup de béquille
Du Pere Barnaba.

LE FAUX BONHEUR.

Qu'avez-vous fait de mon amour ?
Bonheur fatal, funeste jouissance !
Etoit-ce pour le perdre, ô trop malheureux jour !
Que je vous attendois avec impatience ?
Rendez, trompeur, rendez-moi mes desirs,
Et je vous rendrai vos plaisirs.

S. EVREMOND.

L'AMANT DU JOUR.

AIR *de Joconde.*

JE viens de quitter ma Cloris,
    Pour reprendre Glycere.
Cloris en jette les hauts cris ;
    Je ne saurois qu'y faire.
On est bien en regle , je crois ,
    Lorsque pour une Belle
On a brûlé quatre grands mois
    D'une ardeur éternelle.

Je veux lui donner mon ami ,
    Jeune & beau comme un Ange ;
Glycere lui rend son mari :
    Cloris gagne à l'échange.
Mais rien ne peut calmer l'humeur
    De cette Beauté fière ,
A qui j'ai ravi la douceur
    De rompre la première.

J'ai su la prévenir d'un jour ,
    Demain j'avois mon compte ;
Car demain sur un autre amour

Elle avoit un à-compte.
Que dans trois mois mon successeur
   La quitte, ou qu'on le chasse,
Peut-être aurai-je le bon cœur
   De reprendre la place.

Voilà comme on aime aujourd'hui,
   C'est la grande méthode.
Le bon ton écarte l'ennui
   D'une intrigue à la mode.
Le cœur bientôt las de jouir,
   Languit dans la constance ;
L'Amour n'est pas fait pour vieillir,
   Son bel âge est l'enfance.

M. DE CAILLI.

L'AMOUR SANS INTÉRÊT.

AIR : *Que les Bergers de nos Hameaux.*

Que les Bergers de nos Hameaux,
Soient éblouis de l'éclat des richesses ;
   Fortune, à l'ombre des ormeaux,
Je ne suis point séduit par tes promesses.
   L'Amour me fait un sort plus doux :
J'en fais goûter le délice suprême ;
   J'ai des rivaux, qu'ils soient jaloux :
J'ai le bonheur de plaire à ce que j'aime.

   Ma Maîtresse a de la beauté :
Dans ces cantons tout le monde l'adore ;
   Mais loin d'en tirer vanité,
Il nous paroît qu'elle seule l'ignore.
   Elle est sensible à mon amour ;
Et pour le prix de ma tendresse extrême,
   Je l'entends redire à son tour :
J'ai le bonheur de plaire à ce que j'aime.

   Toi qui pour objet de tes vœux,
Cherches les biens, les amasse ou les donne ;
   Toi dont le vol ambitieux

Te place auprès du Monarque & du Trône ,
Mille Beautés briguent ta foi ;
Mais es-tu sûr d'être aimé pour toi même ?
Et peux-tu dire , ainsi que moi :
J'ai le bonheur de plaire à ce que j'aime ?

Fortune , emplois , brillans honneurs ,
Riches Palais , dignités , abondance ;
Etalez vos charmes trompeurs ,
Et des humains remplissez l'espérance.
Infensible à tous vos attraits ,
A les braver mon plaisir est extrême :
Non , non , vous ne vaudrez jamais
Le sort charmant de plaire à ce que j'aime.

L'ORANGER.

COUPLETS A LA COMTESSE DE BE...,

En lui envoyant un Oranger.

AIR *du Vaudeville d'Epicure.*

DE l'aimable & savante Grèce,
Le Code en tout tems admiré,
Ordonna qu'à chaque Déesse
Un arbre seroit consacré :
Le Myrte fut à la plus belle ;
A la plus sage l'Olivier ;
Le Pin, à la vielle Cybelle ;
Mais à pas une l'Oranger.

Si ce n'étoit point un mystère,
Verroit-on, sans être étonné,
L'arbre le plus digne de plaire,
De tout l'Olympe abandonné ?
Suivant l'ingénieux système
De l'Antique Religion,
Tout est signe, symbole, emblême,
Et rien ne s'y fait sans raison.

L'arbre heureux, en qui la Nature
Se plaît à montrer, en tout tems,
Les fruits, les fleurs & la verdure,
L'Été, l'Automne & le Printems,
Fut réservé, pour appanage,
A la Beauté qui brilleroit
Des plus doux charmes de tout âge,
Quand l'Olympe la trouveroit.

Dans l'Histoire qui nous présente,
De chaque Déité, les traits;
L'une est belle, mais imprudente,
Une autre est sage, sans attraits.
Or il falloit que la Déesse
Réunit, en toute saison,
La fraîcheur avec la sagesse,
Les grâces avec la raison.

Parmi ce qu'aux Cieux on adore,
Une telle Divinité
Ne s'étant point montrée encore,
L'Arbre, sans Patrone, est resté.
Mais il trouve, aux bords de la Seine,
Celle qui doit le protéger;
El.... son destin vers vous l'entraîne,
C'est pour vous qu'est fait l'Oranger.

M. DE LILLE.

VAUDEVILLE.

VAUDEVILLE

DE L'AMOUR AU VILLAGE.

LUCAS me difoit l'autre jour :
Tout s'aime en ce riant bocage ;
Aimons-nous donc à notre tour :
  L'Amour n'eft qu'un badinage.
Non , non, Colette depuis peu ,
Soupire & gémit en cachette ;
Ah ! c'eft l'amour qui l'inquiette :
  L'amour n'eft pas un jeu.

Le cœur ne reffent à la Cour
Qu'une ardeur tranquille & volage ;
On s'aime , on s'oublie en un jour :
  L'amour n'eft qu'un badinage ;
Mais au Village , c'eft un feu
Qui gagne toujours , qui dévore ;
On s'aime , il faut s'aimer encore :
  L'amour n'eft pas un jeu.

Quand j'ons bian pris de ce doux jus,
J'aimons Liferte davantage ;

*Tome II.*E

Dam : c'eſt bras deſſous , bras deſſus :
   L'amour n'eſt qu'un badinage.
Mais paſſangué ! j'en fais l'aveu ,
Quand j'nous bû que de l'iau claire ,
Liſette a biau dire & biau faire :
   L'amour n'eſt pas un jeu.

Ma mere dit que tout Amant
Eſt dangereux ; c'eſt bien dommage !
Va , me dit Guillot ! elle ment :
   L'amour n'eſt qu'un badinage.
Sur l'herbe , aſſoyons-nous un peu ,
Je veux te le faire connoître :
Mais il m'y fit bien voir , le traître ,
   Qu'amour n'eſt pas un jeu.

Iris , avec un ſeul pompon ,
Embellit ſon jeune viſage ;
La toilette , pour ce tendron ,
   N'eſt qu'un ſimple badinage.
Mais pour Aminte , qui dans peu
Aura ſa trentaine complette ,
Je réponds bien que la toilette
   Ne ſera pas un jeu.

Tant qu'avec sa femme, un mari
Fournit aux frais du mariage,
On le mitonne, il est chéri :
   L'hymen n'est qu'un badinage.
Mais laisse-t-il mourir son feu,
   Les soupçons troublent le ménage ;
On gronde, on crie, on fait tapage :
   L'hymen n'est pas un jeu.

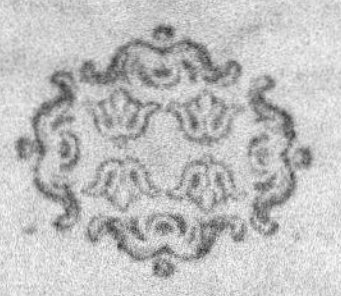

Maman rit de mes rendez-vous
Avec des garçons de mon âge,
Et croit bonnement que pour nous,
   L'amour n'est qu'un badinage :
Mais j'ai mes douze ans depuis peu ;
Si je laisse faire Lisandre,
Maman pourra bientôt apprendre,
   Qu'amour n'est plus un jeu.

RÉMOND DE SAINT-ALBINE.

A ZULMÉ.

AIR *de Joconde*.

L'AMOUR nous parle par vos yeux,
 Il nous flatte, il nous touche :
Il folâtre dans vos cheveux ;
 Il rit sur votre bouche.
Par-tout en vous, ce Dieu vainqueur
 Se présente avec grace ;
Quoi ! seulement dans votre cœur,
 N'auroit-il point de place ?

BOUQUET

A M. LE COMTE DE S. F,

Pour le jour de sa Fête.

AIR *des Triolets.*

CÉLÉBRONS la fête aujourd'hui
Du Saint que tout le monde aime ;
De notre unique & cher appui ,
Célébrons la fête aujourd'hui.
Le verre à la main , devant lui ,
Lui versant rasade à lui-même ,
Célébrons la fête aujourd'hui
Du bon Saint que tout le monde aime.

C'est là vraiment un Bienheureux ,
Digne qu'on le fête à la ronde ;
Il est l'objet de tous les vœux :
C'est-là vraiment un Bienheureux.
Pour niche , content & joyeux ,
Il a le cœur de tout le monde :
C'est-là vraiment un Bienheureux ,
Digne qu'on le fête à la ronde.

Aussi-tôt que vous l'invoquez ;
Il fait miracles par centaines ;
D'aide jamais vous ne manquez ,
Aussi-tôt que vous l'invoquez :
Et non pas ces saints requinqués ,
Qui vous font faire des neuvaines,
Aussi-tôt que vous l'invoquez ,
Il fait miracles par centaines.

De bien des maux le Saint guérit ,
Et sur-tout de l'indifférence :
Belles qu'il aime & qu'il chérit ,
Le Saint de bien des maux guérit.
Elevez vers lui votre esprit :
Vous en ferez l'expérience.
Le Saint de bien des maux guérit ,
Et sur-tout de l'indifférence.

PIRON.

L'HEUREUX DÉCLIN.

AIR : *Un peu d'amour, un peu de vin.*

UN peu d'amour, un peu de vin,
  Font une vie
  Digne d'envie ;
Un peu d'amour, un peu de vin,
 Font un heureux destin.
 Tircis, auprès de Lisette,
 Soupiroit toujours en vain ;
 Il fit boire la follette ;
 Elle s'attendrit soudain.
Un peu d'amour, un peu de vin,
  Font une vie
  Digne d'envie ;
Un peu d'amour, un peu de vin,
 Font un heureux destin.

L'Amour qui vit la Bergere
 Se livrer au Dieu du vin,
 Vint se mêler de l'affaire ;
 Tous trois chantèrent soudain :
Un peu d'amour, &c.

I. 4

Dans le prochain bocage,
L'Amour les conduit tous deux;
Ils n'avoient, sous cet ombrage,
Aucun témoin de leurs feux.
Un peu d'amour, &c.

Amans qui, près d'une Belle,
Formez d'inutiles vœux;
Faites boire la cruelle,
C'est le moyen d'être heureux.
Un peu d'amour, un peu de vin
Font une vie
Digne d'envie;
Un peu d'amour, un peu de vin,
Font un heureux destin.

LE SOLDAT FRANÇOIS.

MALGRÉ la Bataille
Qu'on donne demain,
Ça, faisons ripaille,
Charmante Catin !
Attendant la gloire,
Prenons le plaisir,
Sans lire au Grimoire
Du sombre avenir.

Si la hallebarde
Je peux mériter,
Près du Corps-de-Garde
Je te fais planter ;
Ayant la dentelle,
Le soulier brodé,
La boucle à l'oreille,
Le chignon carde.

Narguant tes Compagnes,
Méprisant leurs vœux,
J'ai fait deux campagnes
Rôti de tes feux.

Digne de la pomme,
Tu reçus ma foi,
Et jamais rogome
Ne fut bu sans toi.

Tiens, serre ma pipe,
Garde mon briquet;
Et si la Tulipe
Fait le noir trajet,
Que tu sois la seule
Dans le Régiment,
Qu'ait le brûle-gueule
De son cher Amant.

Ah ! retiens tes larmes,
Calme ton chagrin ;
Au nom de tes charmes,
Achéve ton vin.
Mais, quoi ! de nos Bandes
J'entends les tambours ?
Gloire, tu commandes :
Adieu mes Amours.

MANGENOT.

LES FLEURETTES.

ON voit encor des Belles
D'un cœur simple & sans fard ;
N'employez auprès d'elles
Ni les présens, ni l'art ;
Offrez rubans, chansonnettes :
Quand l'or ne peut réussir,
Souvent on fait attendrir
      Par dés fleurettes.

Sous un ormeau, Thémire
Filoit son lin un jour :
Tircis la voit, l'admire,
Et s'enivre d'amour.
Il cueille des violettes,
Qu'il noue avec des faveurs :
Souvent on gagne les cœurs
      Par des fleurettes.

D'une rose en échange
Je serai satisfait ;
Bergere, que j'arrange
Moi-même ce bouquet :

Berger , qu'est-ce que vous faites ?
Dans son sein il le nichoit :
L'Amour malin se cachoit
Sous ces fleurettes.

Alors, sur une rose,
Tircis porte la main ;
Le tendre Amour dispose
Thémire à ce larcin.
Ils sont seuls dans ces retraites :
Tircis presse avec ardeur ;
Thémire donne une fleur,
Pour des fleurettes.

M. FAVART.

L'AMANT PARFAIT.

AIR : *Mon cœur charmé de sa chaîne.*

JE ne croyois pas possible,
Que je puisse aimer jamais :
Mais, hélas ! d'un cœur paisible,
Dont Félix troubla la paix,
   Il m'prit… il m'prit…
Par où je suis fort sensible ;
   Par sa grace & son esprit.

Mon Amant est sans richesses ;
Mais il est plein de talens ;
Plus civil que ces espéces
Que l'on nomme des Galans,
   Il m'fait… il m'fait…
Il m'fait tant de politesses,
   Que je le trouve parfait.

L'Amour promet, quand on s'aime,
Les plaisirs & le bonheur :
Mon Amant, dans ce systême,
A bien affermi mon cœur :

Il m'met . . . il m'met . . .
Au comble du bonheur même :
L'Amour tient ce qu'il promet.

M. COLLÉ.

A MADAME DE**.

AIR : *Que je regrette mon Amant !*

QUAND vous venez dans nos Vergers
Voyez les maux que vous y faites ;
Vos yeux font mourir les Bergers,
Et votre gozier, les fauvetres.
Qui chantera donc le Printems,
S'il n'est plus d'oiseaux ni d'Amans ?

DE LA TOUR.

LA FOIBLESSE DE L'AMOUR.

Air de la Romance de Gaviniez.

Que l'on est foible en aimant !
La moindre chose est un aiman :
   C'est d'abord un soupir ,
   Ensuite un desir ,
    Puis le plaisir.
  Comment se défendre ,
Pour peu que l'on ait l'ame tendre ?
   Un Amant qui plaît ,
    Est si bien fait
  Pour tout entreprendre !
Nous l'évitons , il nous fuit ;
Nous courons , le traître poursuit.
  Il nous devine , hélas !
   L'Amour , bientôt las ,
    Fait un faux pas ;
  Une voix sévere
Nous dit : fuyez , fuyez Bergere ;
   Que gagne l'honneur ,
   Quand notre cœur
Nous dit le contraire ?
Que l'on est foible en aimant !

La moindre chose est un aiman :
C'est d'abord un soupir,
Ensuite un desir,
Puis le plaisir.

LA FAUSSE AMITIÉ.

Bélise, pour l'Amour, vous êtes sans pitié ;
Mais, sous le beau nom d'amitié,
Vous souffrez, près de vous, que chacun s'établisse.
Connoissez-mieux l'effet de vos attraits charmans ;
Et, croyez-moi, je suis complice,
Tous vos amis sont vos Amans.

LA SABLIERE.

LES

LES REMERCIMENS.

AIR : *Vous avez bien de la bonté.*

DANS un bois je vis l'autre jour
  Villageoise jolie,
Et qui me parut, en amour,
  N'être pas aguérie.
En l'abordant, sur sa beauté,
Je vantai fort la Jouvencelle :
  Ah ! me dit-elle,
  Monsieur, en vérité !
Vous avez bien de la bonté.

Tes yeux, lui dis-je, mon Enfant,
  Ont pénétré mon ame ;
Je mourrai, si, dans cet instant,
  Tu n'appaises ma flâme ;
De l'un & de l'autre côté,
J'applique un baiser à la Belle :
  Ah ! me dit-elle, &c.

A ces mots, la reconnoissante
  Simple autant que charmante,

Tome. II.   F

Je devins plus entreprenant,
Elle , plus complaisante.
Certes, m'écriai-je enchanté,
Cette gorge est d'une Pucelle :
Ah ! me dit-elle , &c.

Ma main , au gré de mes desirs,
Et constante & volage ,
Sur un sein fait pour les plaisirs,
Termine son voyage :
Que d'appas, dis-je transporté ,
Ton joli cotillon recelle !
Ah ! me dit-elle , &c.

Asseyons-nous sur ce gazon ,
Lui dis-je , mon Aimable.
Fort-bien : Prends à présent leçon
D'un jeu tout agréable.
Poussant à bout la liberté ,
Je ne la trouvai point rebelle :
Ah ! me dit-elle , &c.

Tous les deux , dans l'étroit séjour
Qu'habite le délice ,
Nous préparions au Dieu d'amour ,
Un ardent sacrifice ;

Quand son petit cœur agité,
Fit tourner sa vive prunelle :
Ah ! me dit elle, &c.

※

Contens trois fois, nous nous quittons ;
La Belle s'en afflige.
Souvent je viens en ces cantons :
Console-toi , lui-dis-je :
Demain, dans ce bois écarté,
Je te promets leçon nouvelle :
Ah ! me dit-elle ,
Monsieur, en vérité !
Vous avez bien de la bonté.

GALLET.

LA FOUGERE.

Vous n'avez pas, simple Fougere,
L'éclat des fleurs qui parent le Printems ;
Mais leur beauté ne dure guere ,
Et vous nous plaisez en tous tems.
Vous offrez des secours charmans
Aux plus doux plaisirs de la terre :
Vous servez de lit aux Amans ,
Aux Buveurs vous servez de verre.
Vous servez de lit aux Amans ,
Aux Buveurs vous servez de verre.

ROCHEBRUNE.

LE PHÉNIX.

AIR : *Que ne suis-je la fougère ?*

OH ! qu'heureuse est ma fortune !
Oh ! combien est grand mon heur !
D'être seul retenu d'une,
Pour fidele serviteur !
Par sus toutes elle est vue
Pleine de grace & beauté,
Et suis sûr qu'elle est pourvue
Beaucoup plus de loyauté.

O vous qui ne l'avez vue,
Voyez-la pour votre bien ;
Puis jugez, l'ayant connue,
L'heur que ce m'est d'être sien.
Mais la voyant si parfaite,
Gardez-vous bien un chacun :
Car pour blesser elle est faite,
Et de tous n'en guérir qu'un.

BUSSI D'AMBOISE.

L'AMANT GÉNÉREUX.

AIR *de Joconde.*

C'est le sentiment général
De toute la Sorbonne,
De faire le bien pour le mal,
Comme Dieu nous l'ordonne :
Je voudrois, par un saint desir
Pour la jeune Climène,
Lui donner autant de plaisir
Qu'elle m'a fait de peine.

SUR LES GENS DE COUR.

AIR : *Laire la , laire lanlaire.*

IL faut toujours aux Grands Seigneurs
Rendre toute sorte d'honneurs ;
Les aimer , c'est une autre affaire.
   Laire la , laire lanlaire ;
   Laire la , laire lanla.

Qui ne les connoît qu'à demi ,
S'honore d'être leur ami ;
Qui les connoît bien , ne l'est guere.
   Laire la , &c.

Ils sont d'un commerce très-doux ,
Tant qu'ils ont affaire de vous ;
Hors de là , c'est tout le contraire.
   Laire la , &c.

Comme si tout leur étoit dû ,
Chez eux , d'un service rendu ,
L'ingratitude est le salaire.
Laire la , &c.

Approcher d'eux comme du feu,
Les bien connoître & les voir peu,
C'est le mieux que vous puissiez faire.
Laire la, laire lanlaire;
Laire la, laire lanla.

REGNIER DESMARAIS.

LE MOUCHOIR

Présenté à une jeune Esclave, par le Sultan,

CE gage précieux de mon ardeur extrême,
A l'Amour, autrefois, a servi de bandeau;
Et ce Dieu, de son front, l'a détaché lui-même,
Pour mieux voir aujourd'hui son triomphe nouveau,
Et pour en orner ce que j'aime,
Et pour en orner ce que j'aime.

VOLTAIRE.

LA TOILETTE DES GRACES.

A I R : *A l'ombre de ce verd Bocage.*

CHARMANS objets que la Nature
Orna de ses dons les plus doux,
L'art enchanteur de la parure
Ne fut point inventé pour vous :
Qu'un voile modeste nous cache
Ces fleurs, ces trésors de beauté ;
L'heureuse main qui le détache
Y trouve plus de volupté.

D'une gaze légere & fine,
L'Amour couvre sa nudité ;
Mais l'œil fripon qui l'examine
N'en échappe aucune beauté.
Voyez les Graces ingénues,
Leur vue enflamme le desir ;
Elles ne sont qu'à demi nues,
La décence ajoute au plaisir.

L'AMANT BUVEUR.

SI tu veux que je boive , ami ,
Buvons à celle que j'adore ;
Je n'y saurois boire à demi :
Verse-moi tout plein , verse encore.
Ni l'Amour , ni Bacchus n'en feront point jaloux :
S'ils avoient vû celle que j'aime ,
L'Amour y boiroit comme nous ,
Et Bacchus l'aimeroit de même.
S'ils avoient vu celle que j'aime ,
L'Amour y boiroit comme nous ,
Et Bacchus l'aimeroit de même.

PONT-DEVEL.

LA CONSTANCE.

AIR : *Tout roule aujourd'hui dans le Monde.*

JE l'aimois d'un amour si tendre,
Celle qui cause mes tourmens !
Elle a condamné, sans l'entendre,
Le plus fidele des Amans.
Grands Dieux ! que je la trouvois belle,
Quand ses regards m'ouvroient les Cieux !
Qui l'eût cru, que de si beaux yeux
Deviendroient ceux d'une cruelle ?

Loin de sa présence chérie,
Je ne vis que par mon amour ;
Ma raison, mon ame, ma vie,
Tout est au lieu de son séjour.
Mon seul plaisir, ma seule affaire
Est d'y songer à tout moment ;
Prononce-t-on ce nom charmant ?
Tout Etranger devient mon frere.

Sans espoir que ma voix l'attire,
Ma voix l'appelle tristement.

Je regarde , & mon cœur soupire
D'avoir appellé vainement.
Son nom , dans ce séjour sauvage ,
Est gravé sur tous les ormeaux ;
Il va croître avec leurs rameaux :
Mon amour croîtra davantage.

LA BRUERE.

LA MAUVAISE RECETTE.

AIR : *Un Inconnu, pour vos charmes, soupire.*

EN VAIN je bois pour calmer mes allarmes ,
Et pour chasser l'Amour qui m'a surpris :
    Ce sont des armes
    Pour mon Iris ;
Le vin me fait oublier ses mépris ,
Et m'entretient seulement de ses charmes.

Le Marquis DE LA FARE.

L'AMOUR SINCERE.

Dans nos Hameaux, la paix & l'innocence,
Des cœurs conſtans rempliſſent les deſirs,
Et l'enjoument, ſoumis à la décence,
Sans en rougir, anime nos plaiſirs.
L'heureux Amant, toujours tendre & fidele,
Dans ſes diſcours peint ſa ſincérité ;
Et lorſqu'il jure une flâmme éternelle,
Sans ſe maſquer, il dit la vérité.

Si quelquefois, au bord d'une onde pure,
La jeune Iris contemple ſes appas,
Elle ne veut compoſer ſa parure
Qu'avec les fleurs qui naiſſent ſous ſes pas.
Ainſi fuyant une grace étrangere,
Elle tient tout de ſa ſimple beauté ;
Et le ſeul art qui plait à la Bergere,
Eſt l'art d'aimer avec fidélité.

Quand la Nature ici ſe renouvelle,
L'Amour paroît ranimer ſes ardeurs ;
Mais nous brûlons d'une flamme ſi belle,
Que la ſaiſon ne peut rien ſur nos cœurs.

Les doux liens d'une pure tendreſſe,
Ne ſont pas faits pour dépendre du tems;
Pour les ſerrer, nous les chantons ſans ceſſe,
Et notre Amour eſt toujours au Printems.

L'IMAGE DE L'AMOUR.

Vois, à l'ombre de ce tremble,
Voler enſemble
Deux Papillons :
Ils formoient deux tourbillons ;
L'Amour en un ſeul les raſſemble.
A nos cœurs, dans ce ſéjour,
Tout peint l'Amour,
Tout n'eſt qu'amour.

M. FAVART.

LE SOUVENIR.

AIR : *Réveillez-vous, belle Endormie.*

CERTAIN jour, la jeune Nérine
Exprimoit ainsi ses regrets
Sur le penchant d'une colline
Témoin de ses plaisirs secrets.

L'Amant se fait bien vîte entendre,
Quand le cœur nous parle pour lui.
Pourquoi Tircis fut-il si tendre,
Ou ne l'est-il plus aujourd'hui ?

Gazon, où sur les dons de Flore
Je me plaisois à badiner,
Vous vîtes son ardeur éclore,
Et vous la vîtes couronner.

Ah! disoit-il dans son ivresse,
Je brûle du feu de tes yeux;
Il me le répétoit sans cesse,
Et me le prouvoit encor mieux.

Dans ce sentier, quoique novices,
Nous marchions à pas de géant;
Et mille torrens de délices
Nous plongeoient dans un doux néant.

Ce néant, selon notre envie,
Jamais ne duroit trop long-tems;
Et nous revenions à la vie,
Pour mourir à tous les instans.

Ravissemens inexprimables,
Vous qui formez seuls les beaux jours;
Que n'êtes-vous donc moins aimables,
Ou que ne durez-vous toujours!

A

A MADAME DE**,

Servant à Table.

AIR : *Le jeune Berger qui m'engage.*

QUE j'aime cette main charmante !
Qu'elle a de grace à nous servir !
Tout ce qu'un autre me préfente,
Me fait cent fois moins de plaifir.
L'eau femble venir à la bouche,
Par les morceaux que vous donnez ;
Et les mêts que cette main touche
M'en femblent mieux affaifonnés.

Quand le bouchon d'une bouteille,
Sous ces beaux doigts part fans effort,
Vous charmez le Dieu de la Treille,
L'Amour eft jaloux de fon fort.
Ah ! que ce font de fûres armes
Pour mettre un Amant fous vos Loix,
De joindre à des yeux pleins de charmes,
Des graces jufqu'aux bouts des doigts !

M. l'Abbé DE LATTAIGNANT.

A UNE PETITE FILLE

DE DOUZE ANS.

EH! quoi, dans un âge si tendre,
On ne peut déja vous entendre,
Ni voir vos yeux sans mourir;
Ah! soyez, jeune Iris, ou plus grande ou moins belle.
Attendez, petite cruelle,
Attendez, pour blesser, que vous sachiez guérir.

BOIS-ROBERT.

L'HEUREUSE ERREUR.

AIR : *Nous sommes Précepteurs d'amour.*

QU'IMPORTE à mes tendres defirs,
Qu'Iris foit coquette ou fincere !
Tout ce qui m'offre des plaifirs,
N'eft-il pas en droit de me plaire ?

Pourquoi, dans nos amufemens,
Chercher tant de délicateffe ?
L'erreur nourrit nos fentimens ;
Souvent la vérité les bleffe.

L'Amour n'eft qu'une fiction,
Une fable aimable & légere.
Heureux qui, fans réflexion,
Peut fe prêter à fa chimere !

Une Belle eft comme une fleur,
Dont on chérit la découverte :
Si-tôt qu'elle ouvre trop fon cœur,
Elle nous annonce fa perte.

G 2

De l'art séduisant de charmer,
On ne m'entendra pas me plaindre.
Qu'importe qu'on sache m'aimer?
Pourvû que l'on sache bien feindre.

DE LA GARDE.

LA MÉPRISE.

QUAND Iris prend plaisir à boire,
Bacchus croit que c'est pour sa gloire;
Mais l'Amour en a tout l'honneur.
Car, en buvant, le vin la rend si belle,
Que le plus altéré Buveur
S'enivre moins de sa liqueur,
Que de l'Amour qu'il prend pour elle.

LAFOND.

LE CONTRASTE.

AIR : *Et voilà comme , & voilà justement.*

TIMIDE, froid & languissant,
Blaise me glace, en disant qu'il m'adore.
  Pierrot, plus vif & plus pressant ,
Par ses transports m'amuse infiniment,
  Dès le matin , avant l'aurore,
Il vient à moi tout en batifolant.
Et voilà comme , & voilà justement,
  Comme il faut que fasse un Amant.

  Si Blaise m'apporte un œillet ,
Il est offert d'une façon si gauche ,
  Que cet hommage me déplait ;
Vive Pierrot pour donner un bouquet !
  Des qu'il m'apperçoit il s'approche ,
Puis dans mon sein le place galamment.
Et voilà comme , &c.

  Lorsque, seulette & sans témoin ,
Je vais au bois y rêver à l'ombrage ,
  Ou reposer sur le sainfoin ,
Blaise me guette & me lorgne de loin.

Pierrot, plus au fait de l'usage,
Dans un Bosquet me devance & m'attend.
Et voilà comme, &c.

Quand je prends Blaise pour danser,
A peine, hélas ! entre-t-il en cadence ;
Un rien suffit pour le lasser,
Et jamais il ne veut recommencer.
Mais Pierrot a l'air à la danse ;
Quand il s'y met, ah ! qu'il y va gaîment !
Et voilà comme, &c.

Si j'invite Blaise à jouer
Du flageolet le soir dans la prairie,
Plus d'une heure il se fait prier ;
A peine a-t-il la force d'entonner.
Pour Pierrot, dès que je l'en prie,
Son chalumeau d'enfler au même instant.
Et voilà comme, & voilà justement,
Comme il faut que fasse un Amant.

LE BONHEUR.

J'ai vu, de notre Roi,
La Cour & l'équipage :
Tiens, Liberté, avec toi,
J'aime mieux le Village.   *Bis.*

On y goûte à loisir
Une gloire importune ;
Nous avons le plaisir ,
Il vaut bien la fortune.   *Bis.*

Sans le brillant fracas
De la Grandeur Suprême ,
Ton Berger , dans tes bras,
N'est-il pas Roi lui-même ?   *Bis.*

Mon Louvre est un berceau ,
Mon Sceptre une houlette ,
Mon Empire un troupeau ,
Et le cœur de Lisette.   *Bis.*

G 4

Ceint de Myrthes fleuris,
Que tu cueillis toi-même.
Je vois avec mépris
Le plus beau Diadême. *Bis.*

Je vis loin des Grandeurs,
Auprès de ma Maîtresse;
Je n'ai point de flateurs,
Mais son chien me caresse. *Bis.*

L'art s'épuise à la Cour,
Pour le plaisir du Maître;
La Nature & l'Amour
Sous tes pas le font naître. *Bis.*

J'ai vu de notre Roi,
La Cour & l'équipage:
Tiens, Lisette, avec toi,
J'aime mieux le Village.

M. MARMONTEL.

LE GRAND DÉFAUT.

A I R : *Les plaisirs de notre Village.*

JE fens pour la jeune Lifette
Tout ce que jamais dans un cœur,
L'amour & la beauté parfaite
Ont pu faire naître d'ardeur :
Je n'ai qu'une vaine efpérance
    D'être heureux ;
Mais rien n'altere la conftance
    De mes feux.

Des charmes qui brillent en elle ,
La Nature a fait tous les frais :
Peut-être on la peindroit moins belle ,
De Vénus lui prêtant les traits.
Mais l'ingrate ternit fans ceffe
    Tant d'appas ,
Par un défaut que la Déeffe
    N'avoit pas.

PATIN.

L'AMOUR DÉSARMÉ.

J'AI désarmé l'Amour, & de tout son bagage,
J'ai pris ce qui pouvoit servir à mon ménage.
        En guise de forêts,
Pour percer mes tonneaux, je me serts de ses traits ;
    De son bandeau, j'ai fait une serviette ;
J'ai fondu son carquois, pour me faire une assiette.
Et lorsque pour goûter mon vin vieux & nouveau,
        Je descends à ma cave,
Ce superbe vainqueur, à présent mon esclave,
        Porte devant moi son flambeau,
        Porte devant moi son flambeau.

FUZÉLIER.

DIALOGUE.

APOLLON ET UNE MUSE.

AIR *de la Confession.*

APOLLON.

Que je vois d'abus,
De gens intrus,
Ici ma chere,
Depuis quarante ans,
Qu'en pourpoint j'ai couru les champs!
D'où nous est venu ce téméraire,
Qu'on nomme Voltaire?

LA MUSE.

Joli sansonnet,
Bon perroquet
Dès la lisiere,
Le petit fripon
Eut d'abord le vol du chapon.

APOLLON.

Par où commença le téméraire?
Répondez, ma chère.

LA MUSE.

Tout jeune il voulut
Pincer le Luth
Du bon Homere ;
Et reſſembla fort
Au bon Homere quand il dort.

APOLLON.

Que fit enſuite le téméraire ?
Répondez, ma chere.

LA MUSE.

Maint Drame pillé,
Et r'habillé
A ſa maniere,
Toujours étayé
D'un Parterre bien ſoudoyé.

APOLLON.

Que fit enſuite le téméraire ?
Répondez, ma chere.

LA MUSE.

L'hiſtoire d'un Roi
Qui, par ma foi,
N'y gagne guere,
Car il y paroît
Auſſi fou que l'Ecrivain l'eſt.

APOLLON.

Que fit ensuite le téméraire?
Répondez, ma chere.

LA MUSE.

De son galetas,
Séjour des rats,
On l'ouit braire:
Messieurs, je suis tout;
C'est ici le Temple du Goût.

APOLLON.

Que fit ensuite le téméraire?
Répondez, ma chere.

LA MUSE.

Une Satire, où
Ce maître fou,
Gaîment s'ingere,
D'être en ce Pays
Votre Maréchal-des-Logis.

APOLLON.

Que fit ensuite le téméraire?
Répondez, ma chere.

LA MUSE.

Quoique inépte & froid,
Et qu'il ne soit
Maçon, ni Pere;
Il ne fit, un tems,
Que des Temples & des Enfans.

APOLLON.

Ce style d'Oracle me fatigue ;
Tirez-moi d'intrigue.

LA MUSE.

Ce rare Écrivain
Fit l'Orphelin ,
L'Enfant Prodigue ,
Et des Temples pour
L'Amitié , la Gloire & l'Amour.

APOLLON.

Ces Temples, que je les considere :
Montrez-les , ma chere.

LA MUSE.

Ils sont tous là bas ,
Livrés aux rats ,
A la poussiere.
Le Dieu de l'ennui
Les occupe seul aujourd'hui.

APOLLON.

Que fit ensuite le téméraire ?
Poursuivez , ma chere.

LA MUSE.

En un bloc il mit
L'ame , l'esprit ,
Et la matiere.
Condamnant l'Ecrit ,
Thémis une allumette en fit.

APOLLON.
Que fit encore le téméraire ?
Répondez, ma chere.

LA MUSE.
Maint Epître, un peu
Digne du feu,
Trop familiere,
Où le drôle osa
Trancher du petit Spinofa.

APOLLON.
Que devint alors le téméraire ?
Dites-moi, ma chere.

LA MUSE.
Tapi dans un coin,
Un peu plus loin
Que la Frontiere,
Quand l'Ecrit flamboit,
A la flamme il se déroboit.

APOLLON.
Que fit ensuite le téméraire ?
Répondez, ma chere.

LA MUSE.
Il fit le méchant,
Le chien couchant,
Le réfractaire ;
Et selon le tems,
Montra le derriere ou les dents.

APOLLON.

Que fit ensuite le téméraire ?
Répondez, ma chere.

LA MUSE.

Le rêveur, le fat,
L'homme d'État,
Le débonnaire,
Le beau Courtisan,
Le Charlatan, le Geai du Paon.

APOLLON.

Que fit ensuite le téméraire ?
Répondez, ma chere.

LA MUSE.

Voulant de Newton
Prendre le ton,
Sur la lumiere,
Son mauvais propos
La replongea dans le cahos.

APOLLON.

Que fit ensuite le téméraire ?
Répondez, ma chere.

LA MUSE.

Il vendit en Cour,
Par un bon tour
De gibeciere,
Deux fois en un an,
De l'opium pour du nanan.

APOLLON.

A P O L L O N.

Que fit ensuite le téméraire ?
Répondez , ma chere.

L A M U S E.

Il indispofa ,
Scandalifa ,
L'Europe entiere ;
Changeant en P . . . .
La Pucelle de Chapelain.

A P O L L O N.

Que fit encore le téméraire ?
Répondez , ma chere.

L A M U S E.

N'ayant plus maifon
Sous l'horifon ,
Trou , ni chaumiere ;
Par-tout fans aveu ,
Il demeura fans feu , fans lieu.

A P O L L O N.

Qu'eft donc devenu le téméraire ?
Achevez , ma chere.

L A M U S E.

En Pays perdu ,
Il a pendu
La crémaillere ;
Mange fon gigot ,
Et s'endort fur la Sœur-du-Pot.

APOLLON.

On dit pourtant que le téméraire
Rime à l'ordinaire.

LA MUSE.

Il fait & refait
Ce qu'il a fait,
Ce qu'il voit faire ;
Subtil Editeur,
Grand Copiste, & jamais Auteur.

APOLLON.

J'ordonne, lors que le téméraire
Sera dans la biere ;
Qu'on porte soudain
Cet Ecrivain
Au cimetiere,
Dit communément
Le Charnier de Saint-Innocent ;
Et qu'il y soit écrit sur la pierre,
Par mon Sécrétaire :
Ci-dessous gît qui,
Droit comme un I,
Eut perdu la Terre,
Si, de Montfaucon,
Le croc étoit sur l'Hélicon.

PIRON.

LA VRAIE PHILOSOPHIE.

AIR : *De tous les Capucins du Monde.*

JE ne suis né ni Roi ni Prince ;
Je n'ai ni Ville ni Province ,
Ni presque rien de ce qu'ils ont ,
Et je suis plus content peut-être :
Je ne suis pas tout ce qu'ils sont ;
Mais je suis ce qu'ils veulent être.

Envain , sans la Philosophie ,
L'homme , durant toute sa vie ,
Biens sur biens accumulera :
Il faut , quoiqu'on en veuille dire ;
Ne desirer que ce qu'on a ,
Pour avoir tout ce qu'on desire.

LA SAGESSE AIMABLE.

Bacchus & Sylvie
Ont partagé ma vie ;
Bacchus & Sylvie
M'occupoient tour-à-tour.
Mais à mon âge
On devient sage,
Et sans partage,
Mon dernier jour
Doit se consacrer à l'Amour.

Le Marquis DE SAINT AULAIRE.

LES REGRETS.

Tristes regrets sortez de ma pensée ;
Tout me l'apprend, j'ai perdu mon Ami !
Colin m'aimoit, Colin m'a délaissée,
Raison me dit de l'oublier aussi ;
Plus je l'aimois, plus mon ame est blessée ;
Mais, qui jamais me plaira comme lui !

Tous nos Bergers, empressés à me plaire,
S'offrent sans cesse à calmer mon ennui ;
Je puis ravir Licidas à Glycere,
Le beau Cléon, pour moi s'est attendri ;
Contre un ingrat tout aigrit ma colere.
Mais, qui jamais me plaira comme lui ?

Le grave Orgon, l'oracle du Village,
De mes parens a mandié l'appui.
Le fier Hylas, si riche & si volage,
Semble pour moi se fixer aujourd'hui :
L'ingrat Colin n'est ni riche ni sage ;
Mais, qui jamais me plaira comme lui ?

Parmi les pleurs, l'espoir & les allarmes,
Mon foible cœur lassé d'avoir langui,
Pour le combattre, essaya d'autres armes,
Dont en secret ce cœur même a gémi ;
Du changement on vante envain les charmes,
Jamais Amant ne m'a plu comme lui.

M. DE LA PLACE.

PORTRAIT DE L'AMITIÉ.

AIR : *Dans un Bois solitaire & sombre.*

LES Amis de l'heure présente,
Ont le naturel du melon ;
Il faut en essayer cinquante,
Avant que d'en trouver un bon.

RONDE A DANSER.

AIR : *V'là c'que c'est qu'd'aller au bois.*

L'AUTRE jour Blaise m'embraffa,
Pafs'pour ça, oh ! pafs'pour ça.
Mais après cette gaieté-là ,
   Voyant maître Blaise
   Se mettre à fon aise ,
Je lui dis , Compere , alte-là !
Ah ! fort peu d'ça. Ah ! fort peu d'ça.

Je lui dis , Compere , alte-là !
Fort peu d'ça. Ah ! fort peu d'ça.
Mais à peine eus-je dit cela ,
   Que Blaise me bouche ,
   D'un baifer , la bouche.
Je trouvai plaifant ce tour-là.
Ah ! pafs'pour ça. Ah ! pafs'pour ça.

Je trouvai plaifant ce tour-là ,
Pafs'pour ça. Ah ! pafs'pour ça.
Mais à mes pieds il fe jetta ,
   Et fit des demandes ,

De faveurs plus grandes ;
Vous jugez comme on l'écouta :
Ah ! fort peu d'ça. Ah ! fort peu d'ça.

Vous jugez comme on l'écouta ;
Fort peu d'ça. Ah ! fort peu d'ça.
Mais , par un hasard , ce jour-là
　　Ayant une entorse ,
　　Il me prit de force ,
Malgré moi qui voulois bien ça.
Ah ! pass'pour ça. Ah ! pass'pour ça.

Malgré moi qui voulois bien ça.
Pass'pour ça. Ah ! pass'pour ça.
Et tout d'un coup s'arrêta-là.
　　Ah ! Blaise est tout comme ,
Tout comme un autre homme ;
Et je vois qu'il me donnera ,
Ah ! fort peu d'ça. Ah ! fort peu d'ça.

Et je vois qu'il me donnera
Fort peu d'ça. Ah ! fort peu d'ça.
Il faut joindre à cet Amant-là ,
　　　　Lucas
　　　　Et Jérôme ,

Colas
Et Guillaume,
Bastien,
Julien,
Et cœtera ;
Et pass'pour ça. Et pass'pour ça.

M. COLLÉ.

LA RENCONTRE DANGEREUSE.

Dans ces Hameaux, il est une Bergere
Qui soumet tout au pouvoir de ses loix ;
Ses graces orneroient Cythere ;
Le Rossignol est jaloux de sa voix.
J'ignore si son cœur est tendre :
Heureux qui pourroit l'enflammer !
Mais, qui ne voudroit pas l'aimer,
Ne doit ni la voir ni l'entendre.

Le feu Duc DE LA TRIMOUILLE.

PRIERE A L'AMOUR.

AIR : *Des Billets-Doux.*

A M O U R , ne me trompes-tu pas ?
Serai-je ce soir dans les bras
   De l'objet que j'adore ?
Hélas ! sans soupçonner sa foi,
Mon cœur s'allarme, & , malgré moi ,
   N'en est pas sûr encore.

Ouvre doucement les verroux :
Sans bruit , introduis-le chez nous ;
   Crains d'éveiller ma mere.
Que toi , que moi , que mon Amant ,
Soyons les seuls , dans ce moment ,
   Qui veillons sur la terre.

L'AMOUR PRISONNIER.

AIR *du Menuet d'Exaudet.*

Point de bruit !
Ce réduit
Solitaire
Est propre à tendre mes rêts ;
Guettons dans ces Bosquets
Les Oiseaux de Cythere :
J'en aurai,
Je saurai
Leur cachette ;
Mes filets sont sous des fleurs ;
Un des Oiseaux voleurs
S'y jette.

Je saute dessus ma prise ,
En cage elle est bientôt mise,
Quel Oiseau !
Qu'il est beau !
Quel ramage !
Je le siffle , il vient chanter
Qu'il ne veut plus quitter
Sa cage.

Il me dit,
Qu'il chérit
L'esclavage.
Mon prisonnier me fait peur ;
C'est l'Amour, ce trompeur,
Qui dit en son langage :
Oui , Lison,
Qu'en prison
L'on me tienne ;
Je ne veux ma liberté ,
Qu'après t'avoir ôté
La tienne.

M. LAUJEON.

LES DUPERIES.

Si l'Amour est un doux servage,
Si l'on ne peut trop estimer
Les plaisirs où l'Amour engage,
Qu'on est sot de ne pas aimer !
Mais si l'on se sent enflammer
D'un feu dont l'ardeur est extrême,
Et qu'on n'ose pas l'exprimer,
Qu'on est sot alors que l'on aime !

Si , dans la fleur de son bel âge,
Femme bien faite pour charmer,
Vous donne son cœur en partage,
Qu'on est sot de ne pas aimer !
Mais s'il faut toujours s'allarmer,
Craindre, rougir, devenir blême,
Aussi-tôt qu'on s'entend nommer,
Qu'on est sot alors que l'on aime !

Pour complaire au plus beau visage
Qu'Amour puisse jamais former,
S'il ne faut rien qu'un doux langage,
Qu'on est sot de ne pas aimer !

Mais quand on se voit consumer,
Si la Belle est toujours de même,
Sans que rien la puisse animer,
Qu'on est sot alors que l'on aime !

MARIGNY.

LES SERMENS DE L'AMOUR.

J'AVOIS promis à ma Maîtresse
De l'adorer jusqu'au tombeau ;
Sur la feuille d'un arbrisseau,
J'avois écrit cette promesse :
Mais il survint un petit vent ;
Adieu la feuille & le serment.

L'ÉTEIGNOIR.

AIR : *Pierre Bagnolet.*

D'UN Grifon, Galant ridicule,
L'histoire est plaisante à savoir :
Il offroit à fille incrédule
Sa chandelle, & la faisoit voir.
  Sans s'émouvoir,
  Sans s'émouvoir,
La folette tira sa mule,
Et la fit servir d'éteignoir.

Au lieu de venger cette injure,
Les Amours, à malice enclins,
Rioient entr'eux de l'aventure
Du Doyen des Amans blondins.
  Ces Dieux badins,
  Ces Dieux badins,
Se disoient : vois-tu la coëffure
Qu'on a mise au Dieu des Jardins ?

Madame DESHOULIERES

LE CALCUL.

AIR : *Toujours seule, disoit Nina.*

LES raisons que les Étourdis
Contoient jadis aux Femmes,
Montoient au moins à neuf ou dix,
Souvent à plus, Mesdames.
Ces beaux complimens d'autrefois,
Aujourd'hui sont réduits à trois,
    A deux, même un :
    Je sais quelqu'un
Qui rend encor ce calcul
    Nul.

LE

LE RUISSEAU.

A I R : *Dans un Bois solitaire & sombre.*

Ruisseau qui baignes cette plaine,
Je te reſſemble en bien des traits :
Toujours même penchant t'entraine ;
Le mien ne changera jamais.

Tu fais éclore des fleurettes :
J'en produis auſſi quelquefois ;
Tu gazouilles ſous ces coudrettes :
De l'Amour j'y chante les loix.

Ton murmure flatteur & tendre
Ne cauſe ni bruit ni fracas :
Plein du ſouci qu'Amour fait prendre,
Si j'en murmure, c'eſt tout bas.

Rien n'eſt, dans l'empire liquide,
Si pur que l'argent de tes flots :
L'ardeur, qui dans mon ſein réſide,
N'eſt pas moins pure que tes eaux.

Des vents qui font gémir Neptune,
Tu braves les coups redoublés :
Des jeux cruels de la Fortune,
Mes sens ne sont jamais troublés.

Je ressens, pour ma tendre amie,
Cet amoureux empressement
Qui te porte vers la prairie
Que tu chéris si constamment.

Quand Thémire est sur ton rivage,
Dans tes eaux on voit son portrait :
Je conserve aussi son image ;
Dans mon cœur elle est trait pour trait.

Tu n'as point d'embuche profonde :
Je n'ai point de piége trompeur ;
On voit jusqu'au fond de ton onde :
On lit jusqu'au fond de mon cœur.

Au but prescrit par la Nature,
Tu vas d'un pas toujours égal,
Jusqu'au tems ou par sa froidure
L'hiver vient glacer ton crystal.

Sans Thémire, je ne puis vivre;
Mon but à son cœur est fixé;
Je ne cesserai de la suivre
Que quand mon sang sera glacé.

M. PANARD.

LES PALES COULEURS.

AIR *du Prévôt des Marchands.*

LA fille qui cause vos pleurs,
Est morte des pâles couleurs,
Au plus bel âge de sa vie;
Pauvre fille que je te plains,
De mourir d'une maladie,
Dont il est tant de Médecins!

I 2

L'UNION UNIVERSELLE.

Dans l'Univers, tout aime, tout desire;
Du tendre Amour tout peint la volupté:
Si le Papillon vole avec légereté,
    Un autre Papillon l'attire,
Les fleurs, en s'agitant, semblent se caresser;
Le Lierre à l'Ormeau, s'unit pour l'embrasser;
Les Oiseaux sont charmés de pouvoir se répondre:
    Et le doux murmure des eaux
    Est causé par plusieurs ruisseaux,
    Qui se cherchent pour se confondre.

M. FAVART.

CHACUN A SON TOUR.

AIR : *N'avez-vous pas vu l'Horloge ?*

CE mouchoir, belle Raimonde,
Va contre votre intérêt ;
Il cache une gorge ronde...
Oh ! ça, Monsieur, s'il vous plaît !
Ne dérangez pas le monde,
Laissez chacun comme il est.

Belle, êtes-vous aussi blonde,
Qu'à vos sourcils il paraît ?
Je veux voir cela, Raimonde...
Oh ! ça, Monsieur, s'il vous plaît !
Ne dérangez pas le monde,
Laissez chacun comme il est.

Faudra-t-il que je vous gronde ?
Le traître !... qu'est-ce qu'il fait ?...
Ah ! je vous tiens bien, Raimonde !
A votre tour, s'il vous plaît,
Ne dérangez pas le monde,
Laissez chacun comme il est.

I 3

A MADAME DE**.

AIR : *Nous sommes Précepteurs d'amour.*

QUAND j'aime beaucoup, j'écris peu !
C'est un art que mon cœur ignore ;
Le silence nourrit mon feu,
Et sous ma plume il s'évapore.

Je m'effarouche de l'éclat ;
J'aime moins dès qu'on me devine ;
Le bruit peut convenir au Fat :
L'Amour vrai marche à la sourdine.

Craignez nos Muses indiscrettes ;
Eglé, je le dis sans détours :
Les Vers & les Chants des Poëtes
Sont les Fanfares des Amours.

M. DORAT.

LES ACCIDENS,

VAUDEVILLE.

AIR: *Je ne suis pas si diable que je suis noir.*

DES Galans, Isabelle,
Croyoit avoir le choix,
Et vouloit, disoit-elle,
Prendre la fleur des pois.
Cependant cette Belle
Prend Monsieur l'Intendant :
Voilà ce qui s'appelle
Un accident.

La malheureuse Hortense
Vient de perdre à Paphos
Un Procès d'importance,
Qu'on jugeoit à huis-clos ;
Son Avocat, dit-elle,
Resta court en plaidant :
Voilà ce qu'elle appelle
Un accident.

T 4

Lis croit plus honnête

De n'avoir qu'un Amant ;
Mais dans le tête-à-tête,
Son bon cœur la dément.
Hélas ! c'est plus fort qu'elle,
Dit-elle, en se rendant :
Voilà ce qu'elle appelle
    Un accident.

Une fille cruelle
D'abord me refusa
D'une façon cruelle,
Puis elle s'appaisa ;
Elle fut plus cruelle
En me toux accordant :
Voilà ce que j'appelle
    Un accident.

M. COLLÉ.

LA CURIOSITÉ PUNIE.

AIR *des Folies d'Espagne.*

JE trouve un jour sur l'herbette fleurie
Un petit arc, des flèches, un carquois :
Je ne voyois pourtant dans la prairie
Aucun Chasseur ; j'étois loin du bois.

D'abord j'ai peur, je m'enfuis au plus vîte,
Puis je reviens, mais sans trop approcher :
J'avance un peu, j'examine, j'hésite,
J'avois pourtant grand desir d'approcher.

Tout à l'entour avec soin je regarde ;
Je m'enhardis, me croyant sans témoin ;
A m'en saisir, alors je me hasarde :
J'aurois mieux fait de le jetter bien loin

Je prends un trait, j'admire sa figure ;
Il étoit d'or, il paroissoit charmant ;
Ah ! tout à-coup, je sens une blessure :
Je fais un cri, j'entends rire à l'instant.

Ah! ah! vraiment, vous êtes curieuse,
Dit une voix, mais à tort vous pleurez ;
Une autre fois vous serez plus heureuse :
Pour cette fois vous vous en souviendrez.

IN-PROMPTU

*A un joli Masque, dont on ne pouvoit découvrir
le sexe.*

ETES-VOUS de Psyché l'Amant,
Ou bien la Déesse sa mere ?
Sous cet équivoque ornement,
Vous rassemblez tout l'art de plaire ;
Et je m'engage également,
Ou pour Florence, ou pour Cythere.

LA FARE.

LE VERGER DE L'AMOUR.

Romance du Tonnelier.

Dans un Verger, Colinette
Vit un jour un beau raisin
Elle se croyoit seulette,
 Site elle y porte la main :
Prenez garde, Colinette,
L'Amour veille en ce Jardin.

Dans un coin, comme en un gîte,
Le fripon l'attendoit là ;
Il saisit sa main bien vite,
Et de son arc la blessa :
La pauvre fille interdite,
Fit un cri, puis soupira.

Ah ! ah ! dit il, ma Poulette,
Vous venez donc vendanger :
La faute, belle indiscrette,
Va vous donner à songer.
En vendange, une fillette,
Court souvent plus d'un danger.

AUDINOT.

CHANSON A BOIRE.

D'ou vient, disoit Lucas, qu'on voit entre ces Rois
Toujours maille à partir, toujours quelqu'anicroche?
    Morguene, entre nous, sans reproche,
Je vivons mieux d'accord, nous autres Villageois.
    En voici la raison, me semble,
Lui répondit Grégoire en esprit fort:
    Le moyen qu'ils soyons d'accord?
    Ils ne buvons jamais ensemble,
    Le moyen qu'ils soyons d'accord?
    Ils ne buvons jamais ensemble.

                              AUTREAU.

LE TOURTEREAU
TUÉ A LA CHASSE.

AIR *De la Romance de Gabrielle de Vergy.*

Cœur pur où régnoit l'innocence,
Touchante image du bonheur !
Modéle heureux de la constance,
Symbole aîlé de la douceur !
D'un plomb que le salpètre anime
Tu reçois le coup dans tes flancs ;
Tu meurs, hélas ! triste victime
De nos cruels amusemens.

J'ai vu... J'ai vu ta jeune Amante,
Sensible au coup qu'on t'a porté,
S'éloigner d'une aîle tremblante,
Et fuir d'un vol précipité :
Heureuse, si la main cruelle
Sous qui tu tombas expirant,
L'eut, par une atteinte mortelle,
Rejointe à son fidéle Amant !

Je la suivis dans un bocage,
Où, s'enivrant de ses douleurs,

Son triste & douloureux ramage,
A mes yeux arracha des pleurs ;
De l'écho, la Nymphe attendrie,
Répéta ses tendres accens ;
Ecoute-les, ombre chérie ;
Je les retiens, je te les rends.

» Ainsi l'on t'enléve à ma flamme !
» Ainsi s'éteignent nos amours !
» La mort, sans respecter leur trame,
» A pu trancher de si beaux jours !
» Quel crime ?... peut-être infidèle ?...
» Non, non, tu ne la fus jamais :
» Notre tendresse mutuelle
» Servoit d'exemple en nos forêts.

» Un même jour nous donna l'être ;
» D'époux constans, gages chéris,
» Un même berceau nous vit naître,
» Toujours heureux, toujours unis ;
» L'himen devoit, (amans encore)
» Couronner nos tendres desirs,
» Quand le printems eut fait éclore
» Un sanctuaire à nos plaisirs.

» De ce témoin de ma tendresse,
» De l'arbre où je reçus ta foi,

» Entends la voix de ma tristesse ;
» Ombre chérie , écoutes-moi :
» Aux pleurs je consacre le reste
» Des jours consacrés au bonheur ;
» Tu meurs , frappé d'un coup funeste :
» Moi , je mourrai de ma douleur. »

On sait qu'à leurs moitiés fidèles ,
Dans leurs tendres engagemens ,
Les innocentes Tourterelles
Gardent la foi de leurs sermens ;
Depuis ce jour , triste , mourante ,
Elle confie à nos forêts ,
D'une voix plaintive & touchante ,
Ses pleurs , son amour , ses regrets.

Toi , dont le souvenir si tendre
Pour jamais nourrira mon cœur ,
Charmant oiseau , puisse ta cendre
Être sensible à sa douleur !
Puissé-je , au gré de ma tendresse ,
Comme toi , pour t'avoir chanté ,
Vivre chéri de ma Maîtresse ,
Et mourir aussi regretté !

LE REPENTIR.

Je voudrois, à mon âge,
 (Il en feroit tems)
Être moins volage
Que les jeunes gens,
Et mettre en ufage,
D'un Vieillard bien fage,
 Tous les fentimens.
Je voudrois, du vieil homme,
 Etre féparé :
 Le morceau de pomme
 N'eft pas digéré.
Gens de bien, Gens d'honneur,
A votre favoir faire
 Je livre mon cœur ;
 Mais laiffez entiere,
 Et libre carriere
 A ma belle humeur.

COULANGE.

LE

LE PÉCHÉ DE PARESSE.

AIR : *A confesse m'en suis allé , au Curé*
de Pomponne.

Tant que l'homme défirera
Plaifirs , honneurs , richeffe ,
Pour les avoir il emploira
Courage , efprit , adreffe ;
Tout le relevera ,
Larira ,
Du péché de pareffe.

Une Indolente qui n'aura
Rien vu qui l'intéreffe ,
Quand fon moment d'aimer viendra ,
Le Dieu de la tendreffe
Vous la relevera , &c.

Un jeune Epoux qui ne dira
Qu'un mot de politeffe ,
Un Amant plus poli viendra ,
Qui parlera fans ceffe ,
Et vous le relevera , &c.

Tome II.   K

Une Veuve qui comblera
D'un Amant la tendresse ,
Et qui se tranquillisera
Dans ces momens d'ivresse ,
On la relevera ,
Larira ,
Du péché de paresse.

M. COLLÉ.

A QUI LA FAUTE?

AIR : *Réveillez - vous , belle Endormie.*

LA fécondité qu'on desire
Te manque , & j'en souffre pour toi ;
Je m'en consolerois , Thémire ,
Si tu pouvois t'en prendre à moi.

LE RÊVE.

AIR : *C'est ainsi qu'un Dieu flatteur.*

LA nuit, dans les bras du repos,
Je crois être auprès de Climène ;
L'Amour, attendri par mes maux,
Nous ferre d'une même chaîne.
C'est ainsi qu'un Dieu flatteur
Calme pour un tems ma peine :
C'est ainsi qu'un Dieu flatteur
Sçait me déguiser sa rigueur.

Mille baisers délicieux,
Cueillis sur ses levres charmantes,
Dans ces instans faits pour les Dieux,
Confondent nos ames errantes.
C'est ainsi qu'un Dieu flatteur
Rend mes chaînes moins pesantes :
C'est ainsi, &c.

Tandis qu'avec empreslement,
Ma bouche, à la sienne, se colle,
Nous entremêlons tendrement
Les organes de la parole.

K 2

C'est ainsi qu'un Dieu flatteur,
De mes peines me console.
    C'est ainsi , &c.

D'autres appas ensevelis,
A parcourir je me dispose ;
Et déja, sur deux tas de lys,
J'apperçois deux boutons de rose.
C'est ainsi qu'un Dieu flatteur
Trompe un Amant qui repose :
    C'est ainsi , &c.

Je me saisis de ses deux bras ;
Je touche à mon bonheur suprême ,
Et l'air dont elle ne veut pas ,
Est plus touchant que le don même.
C'est ainsi qu'un Dieu flatteur
Pousse l'erreur à l'extrême :
    C'est ainsi , &c.

Enfin vint un raviflement . . . .
J'ignore la fin de l'histoire.
Un furcroît d'affoupiffement
M'en a fait perdre la mémoire.
C'est ainsi qu'un Dieu flatteur
M'enivre d'une fauffe gloire :
    C'est ainsi , &c.

GRÉCOURT.

CONSEILS AUX CRITIQUES.

AIR *du Menuet d'Exaudet.*

Sans humeur,
Sans aigreur,
La Critique
Sait relever les défauts ;
Le sel de ses bons mots
Réveille, sans qu'il pique.
L'enjouement,
L'agrément
Est son style.
Corrigez en amusant,
Et soyez moins plaisant
Qu'utile.
Que le trait de l'Epigramme,
Frappe l'esprit, jamais l'ame.
Epargnez,
Eloignez
La satyre.
Zoïle, vain & mocqueur,
En dégradant son cœur,
Fait rire.

Un Censeur,

Sans noirceur,

Encourage,

S'intéresse à nos progrès,

Ne critique jamais

Que pour notre avantage.

Son secours

Est toujours

Nécessaire ;

Et l'éclat de son flambeau,

Loin d'offusquer le beau,

L'éclaire.

M. FAVART.

LES ÉPOUX INDISCRETS.

AIR : *Nous jouissons dans nos Hameaux.*

Bec-A-Bec , comme deux Pigeons ,
    Vous verrai-je sans cesse ,
Tour-à-tour , en mille façons ,
    Faire assaut de tendresse ?
Pour ces plaisirs , il est un tems ;
    Croyez-moi , couple aimable :
Témoin de vos jeux innocens ,
    On deviendroit coupable.

Si vous comptez sur ma vertu ,
    C'est me rendre justice :
Mais quand je serois revêtu
    Du bouclier d'Ulysse ,
C'est insulter aux Malheureux ,
    Et tenter leur foiblesse ,
Qu'étaler ainsi , devant eux ,
    Vainement sa richesse.

L'HEUREUX JOUR.

Air *des Triolets.*

LE joli jour de S. Michel,
Fut un des beaux jours de ma vie.
Que soit à jamais solennel
Le joli jour de S. Michel !
A genoux, devant son Autel,
Depuis douze jours je m'écrie :
Le joli jour de S. Michel
Fut un des plus beaux de ma vie.

Ce jour, il me tomba du Ciel
Douze pintes de Malvoisie :
Un rare & joli casuel,
Ce jour-là me tomba du Ciel.
Mon palais trouvoit bien cruel
De ne savourer que du stie :
Ce jour, il me tomba du Ciel,
Douze pintes de Malvoisie.

PIRON.

LE DÉPART DE SILVIE.

Quoi ! vous partez fans que rien vous arrête !
Vous allez plaire en de nouveaux climats.
Pourquoi voler de conquête en conquête ?
Nos cœurs foumis ne vous fuffifent pas ?
    Quoi ! vous partez , &c.

Pere du jour , éclairez fon voyage,
Parez les Cieux des plus vives couleurs ;
Ne la voyez qu'à travers un nuage ;
Sur fon chemin , faites naître des fleurs.
    Pere du jour , &c.

Peuples heureux , qui verrez tant de charmes ,
Vous ignorez le fort qui vous attend:
Celle qui caufe aujourd'hui nos allarmes ,
Vous vendra cher le plaifir d'un inftant.
    Peuples heureux , &c.
        Le Préfident HÉNAUT.

LA FEMME DE BONNE FOI.

AIR *de Joconde.*

UN jour Climène, en mal d'enfant,
 Crioit à pleine tête ,
Et son mari , triste & dolent ,
 Pleuroit comme une bête.
Tout beau , tout beau ! ne pleurez pas ,
 Dit la fine Climene :
Car , par ma foi , vous n'êtes pas
 La cause de ma peine.

LE RUISSEAU.

Sur l'ancien refrain : Félicité passée , &c.

L'AMOUR charmoit ma vie ;
L'Amour fait mon malheur :
Je plaisois à Silvie ,
Et j'ai perdu son cœur.
Félicité passée ,
Qui ne peux revenir ,
Tourment de ma pensée ,
Que n'ai-je, en te perdant , perdu le souvenir !

Voyez cette eau si belle ,
Couler sous ce berceau :
Autrefois l'Infidelle
Venoit à ce ruisseau.
 Félicité , &c.

C'étoit dans ce lieu sombre ,
Le soir des jours d'été ,
Qu'Amour alloit , dans l'ombre ,
Attendre la Beauté.
 Félicité , &c.

Ses pas, dans le bocage,
Quand le vent se taisoit,
Agitoient le feuillage,
Et mon cœur palpitoit.
  Félicité, &c.

Quelle douce harmonie
Forment les flots légers,
La voix de ma Silvie,
Et le bruit des baisers !
  Félicité, &c.

Vers ce lieu que j'adore,
Portant toujours mes pas,
J'y viens l'attendre encore,
Mais elle n'y vient pas.
  Félicité, &c.

Ruisseau, si dans ta course
Tu peux la rencontrer ;
Dis que, près de ta source,
Tu m'as vu la pleurer.
Félicité passée,
Qui ne peux revenir ;
Tourment de ma pensée,
Que n'ai je, en te perdant, perdu le souvenir !
     M. DE LA HARPE.

LA FEINTE COLERE.

Dans un bosquet, près du Hameau,
Colin careffoit Ifabeau :
    La jeune Bergere,
    D'une main légere,
    Le repouffoit,
Le nommant téméraire ;
    Et lui juroit
    Qu'elle appelleroit.

Sa Chienne, qui voyoit cela,
Croyant l'obliger, aboya ;
    La Belle, inquiette,
    Saifit fa houlette
    Et l'en frappa,
Maudiffant l'indifcrette :
    Jugez par-là,
    Comme elle appella.

MANGENOT.

CHANSON À BOIRE.

DE quel bruit effrayant retentissent les airs !
    Les vents, échappés de leurs fers,
    Se font une terrible guerre !
    Quels sifflemens ! quelles fureurs !
La grêle, les éclairs, les éclats du tonnerre,
Vont détruire en ce jour tout l'espoir des Buveurs.
    O Jupiter ! calmez votre colere ;
Bacchus, pour vous fléchir, se joint à nos accens.
Souvenez-vous, Grand Dieu, que vous êtes son pere,
    Et que nous sommes ses enfans.
Souvenez-vous, Grand Dieu, &c.

PANARD.

LES INFORTUNÉES AMOURS

DE GABRIELLE DE VERGI,

ET DE RAOUL DE COUCI.

AIR *connu.*

Hélas ! qui pourra jamais croire
L'amour de Raoul de Couci ?
Qui, fans pleurer, lira l'hiftoire
De Gabrielle de Vergi ?
Tous deux s'aimerent dès l'enfance :
Mais le fort, injufte & jaloux,
L'avoit mife fous la puiffance
D'un barbare & cruel époux.

Faïel, époux de Gabrielle,
Tourmenté de jaloux foupçons,
Avoit enfermé cette Belle
Dans les plus affreufes prifons.
Tout Amant étoit redoutable :
Mais fur-tout Couci l'allarmoit,
Et Gabrielle fut coupable,
Dès qu'il fut que Couci l'aimoit.

Elle employoit en vain les larmes,
Pour parvenir à le calmer :
Ni sa jeunesse, ni ses charmes,
Rien ne pouvoit le désarmer.
Quel est mon crime, disoit-elle ?
L'innocence devroit toucher ;
Je suis & je serai fidelle :
Qu'avez-vous à me reprocher ?

Partage les maux que j'endure,
Répondoit l'inflexible Epoux ;
J'ai tout appris : crois-tu, Parjure,
Eviter un juste courroux ?
Couci n'a que trop su te plaire,
Et bientôt je m'en vengerai ;
Ce nom allume ma colere :
Mais, dans son sang, je l'éteindrai.

Cependant, Couci, le modele
Des vrais & des parfaits Amans,
Ayant appris que Gabrielle
Souffroit les plus cruels tourmens ;
Par un effort que l'Amour même
N'approuva pas, sans en frémir,
Des lieux qu'habite ce qu'il aime,
Il résolut de se bannir.

Je vais, dit-il, par mon abfence,
Calmer le barbare Patel ;
Je quitte pour jamais la France :
Ah ! que ce départ est cruel !
N'importe, je me facrifie
Au cher objet de mes amours ;
Trop heureux, en perdant la vie,
Si je conferve fes beaux jours !

Il part, & va joindre l'Armée
Dans les pays les plus lointains ;
Elle étoit alors occupée
A combattre les Sarrazins :
Il fe met d'abord à la tête
De deux cents Chevaliers choifis ;
Avec leur fecours, il arrête
Tous les efforts des ennemis.

L'amour, le défefpoir, la rage,
Tour-à-tour animant fon cœur,
Redoubloient encor fon courage ;
Enfin il revenoit vainqueur,
Quand, d'une bleffure cruelle,
Il fe fent déchirer le flanc :
Frappé d'une atteinte mortelle,
Il tombe baigné dans fon fang.

Alors, sentant sa fin prochaine,
Il demande son Écuyer ;
D'une main qu'il conduit à peine,
Il écrit sur son bouclier.
Monlac arrive tout en larmes :
Ne plains point, dit-il, mon destin,
Mais plutôt celle dont les charmes
N'ont pu fléchir un inhumain.

Tu connois mon amour extrême :
Pour m'obéir, c'en est assez.
Porte mon cœur à ce que j'aime,
Avec ces mots que j'ai tracés.
Je remets ce soin à ton zèle :
Il expire, & prononce encor
Le nom chéri de Gabrielle,
Jusques dans les bras de la mort.

Victime de l'obéissance,
Monlac ayant exécuté,
D'un Maître adoré dès l'enfance,
La triste & tendre volonté,
S'embarque à l'instant pour la France.
Il arrive près du Château
Du Tyran qui, sous sa puissance,
Renfermoit l'objet le plus beau.

Seul confident de l'entreprise,
Il attend un heureux moment ;
Avec grand soin il se déguise ,
Pour réussir plus sûrement ;
Quand Fasel , que l'inquiétude
Ne laissoit jamais en repos ,
Le voit près de sa solitude ,
Le prend pour un de ses rivaux.

Il l'arrête & croit le connoître ;
Il le perce de mille coups :
Craignant tout des projets du Maître ,
Rien n'échappe à ses yeux jaloux,
Quel plaisir enivre son ame !
Il voit le cœur , il en jouit :
Quel coup funeste pour sa flâme !
Il lit la lettre , il en frémit.

Dès qu'il les eut en sa puissance ,
N'écoutant plus que sa fureur ,
De la plus barbare vengeance ,
Il médite en secret l'horreur.
La sombre & pâle Jalousie ,
Ce monstre suivi des regrets ,
Pour venger sa flamme trahie ,
Lui souffle les plus noirs projets.

L 2

Il goûte déjà par avance,
Les douceurs qu'elle lui promet ;
De cette flatteuse espérance ,
Il craint de retarder l'effet :
Je veux , dit-il , que l'imposture ,
Cachant l'affreuse vérité ,
Ce cœur , aimé de la Parjure ,
Comme un mets , lui soit présenté.

On obéit , & l'heure arrive
Où l'on sert ce repas cruel ;
Gabrielle , triste & craintive ,
Approche , en tremblant , de Fayel.
Pour hâter l'instant qu'il espere ,
Il offre , il presse , elle se rend :
Ce mets , dit-il , a dû te plaire ,
Car c'est le cœur de ton Amant.

Elle tombe sans connoissance.
Fayel , que la fureur conduit ,
Craignant de perdre sa vengeance ,
La rappelle au jour qu'elle fuit.
Juste Ciel ! quelle barbarie ,
S'écria t-elle avec effroi ! . . . .
Moindre encor que ta perfidie :
Vois cette lettre , & juge toi.

Alors la forçant de la lire,
Ses yeux l'observent avec foin ;
Il croit adoucir son martyre,
Si de fa honte il est témoin.
Elle prend d'une main tremblante
L'écrit qui doit combler ses maux ;
Et d'une voix foible & mourante,
Prononce avec peine ces mots :

» Bientôt je vais cesser de vivre,
» Sans cesser de vous adorer ;
» Content , si ma mort vous délivre
» Des maux qu'on vous fait endurer.
» Elle n'a rien qui m'épouvante :
» Sans vous , la vie est sans attraits.
» Un regret pourtant me tourmente ;
» Quoi ! je ne vous verrai jamais.

» Recevez mon cœur comme un gage
» Du plus vif, du plus tendre amour ;
» De ce triste & nouvel hommage ,
» J'ose espérer quelque retour.
» Daignez l'honorer de vos larmes ;
» Qu'il vous rappelle mes malheurs ;
» Cet espoir a pour moi des charmes ;
» Je vous adore : adieu , je meurs.

L ;

Elle veut répéter encore
Des mots si tendres, si touchans :
En prononçant.... Je vous adore ,
Un froid mortel saisit ses sens.
Par un excès de barbarie ,
Faïel prend des soins superflus
Pour la rappeller à la vie ;
Mais elle n'étoit déja plus.

M. le Duc DE LA VALLIERE.

A MONSIEUR DE B**,

Pour s'excuser d'aller dîner chez lui.

AIR : *Vous m'entendez bien.*

L'HOMME propose ; mais souvent
Autant en emporte le vent :
Dieu qui de tout dispose,
   Eh bien !
Fait de ce qu'on propose,
   Vous m'entendez bien.

Xercès, sur le nombre comptant,
La Grece va se promettant :
Il menace, il fulmine,
   Eh bien !
Mais devant Salamine,
   Vous m'entendez bien.

Les Sabines se proposant
De voir un spectacle innocent,
Dès qu'elles y parurent,
   Eh bien

L 4

Rudement elles furent,
Vous m'entendez bien.

Devant Poitiers, l'un de nos Rois
Comptoit de battre les Anglois :
La chose il tient certaine,
Eh bien !
Et voilà qu'on l'emmène,
Vous m'entendez bien.

Pietre & Perrette avoient pris jour,
Pour parler à loisir d'amour :
Ce jour-là le beau Sire,
Eh bien !
N'eut pas le mot à dire,
Vous m'entendez bien.

Autre jour pris pour s'assembler,
Ce jour-là Pierre eut pû parler :
Mais l'Époux, fâcheux homme,
Eh bien !
Revint justement comme,
Vous m'entendez bien.

Je me flattois depuis Jeudi,
D'aller chez vous dîner Lundi,
Avec mon blond Confrere,
    Eh bien !
Mais ma maudite affaire,
    Vous m'entendez bien.

❖❖

Rien n'est certain, rien n'est constant ;
Sur mon respect comptez pourtant,
Comme sur chose sûre ,
    Eh bien !
Car je suis , je vous jure ,
    Vous m'entendez bien.   *VERGIER.*

LE TROUPEAU SANS GUIDE.

Air : *Réveillez-vous, belle Endormie.*

Mes chers Troupeaux, gagnez la plaine,
Fuyez les bois de peur des loups ;
Je ne songe qu'à Célimene,
Je ne saurois songer à vous.

Je ne sais plus, depuis que j'aime,
Mener mes chiens, ni vous guider ;
Je n'ai pû me garder moi-même :
Comment pourrois-je vous garder ?

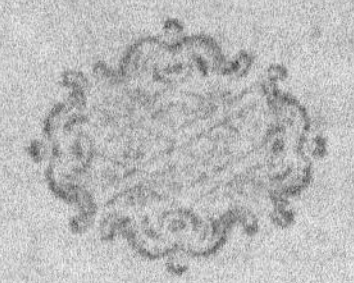

APOLLON ET DAPHNE.

L'Amour m'a fait la peinture
De Daphné, de ses malheurs :
J'en vais tracer l'aventure ;
Puisse la race future,
L'entendre & verser des pleurs !

Daphné fut sensible & belle,
Apollon sensible & beau.
Sur eux, l'Amour, d'un coup d'aile,
Fit voler une étincelle
De son dangereux flambeau.

Daphné, d'abord interdite,
Rougit, voyant Apollon.
Il l'approche, elle l'évite ;
Mais fuyoit-elle bien vite ?
L'Amour assure que non.

Le Dieu qui vole à sa suite,
De sa lenteur s'applaudit.

Elle balance, elle hésite,
La pudeur hâte sa fuite,
Le desir la ralentit.

Il la poursuit à la trace,
Il est prêt à la saisir ;
Elle va demander grace :
Une Nymphe est bientôt lasse,
Quand elle fuit le plaisir.

Elle desire, elle n'ose :
Son Pere voit ses combats,
Et par sa métamorphose,
A sa défaite il s'oppose.
Daphné ne l'en prioit pas.

C'est Apollon qu'elle implore,
Sa vue adoucit ses maux ;
Et vers l'Amant qu'elle adore,
Ses bras s'étendent encore,
En se changeant en rameaux.

Quel objet pour la tendresse
De ce malheureux Vainqueur !
C'est un arbre qu'il caresse,
Mais sous l'écorce qu'il presse,
Il sent palpiter un cœur.

Ce cœur ne fut point sévere,
Et son dernier mouvement
Fut, (si l'Amour est sincere)
Un reproche pour son Pere,
Un regret pour son Amant.

M. MARMONTEL.

A MADAME DE***,

Qui venoit d'apprendre le Latin, & de rendre
les Odes d'Horace en François.

AIR : *Jeune & Novice encore.*

LIRE & traduire Horace,
Ne fut pour vous qu'un jeu.
Vous rendez avec grace
Ce qu'il peint avec feu.
S'il revenoit, sa Lyre
Seroit à vos genoux.
J'aimerois à traduire
Ce qu'il diroit de vous.

M. C***

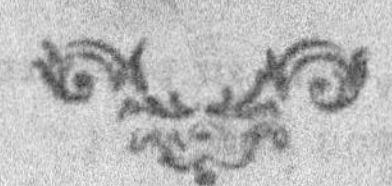

LA FEMME CHOQUÉE.

AIR : *J'étois malade d'amour.*

HIER matin, en m'éveillant,
   (J'en suis encor choquée)
Par un Fat qui fait le Galant,
   Je fus presque brusquée ;
C'est un, c'est un petit insolent,
   Qui m'a, qui m'a manquée.

Après d'inutiles transports,
   (J'en suis encor choquée)
Après d'inutiles efforts,
   Qui m'avoient fatiguée ;
C'est un sot, c'est un sot petit corps
   Qui m'a, qui m'a manquée.

D'abord, d'un air peu circonspect,
   Il m'avoit attaquée ;
Après cela, d'un faux respect,
   Masquant cette équipée,
Quel chien, quel chien, quel chien de respect!
   Il m'a, il m'a manquée.

M. COLLÉ.

LE SERMENT LEGER.

AIR : *Le Démon malicieux & fin.*

AH Damon vous avez tout permis,
Pour l'himen qu'il vous avoit promis ;
Mais , Iris , savez-vous la coutume ?
Avez-vous pû l'en croire à son serment ?
Ceux que l'on fait sur un autel de plume ,
Sont aussi-tôt emportés par le vent.

LE SERMENT LÉGER.

À MADAME ***.

AIR : *Il étoit une Fille.*

De vous le plus grand Prince,
Jusqu'au moindre Goujat,
Le Petit-Maître & le Béat,
À Paris, en Province,
Quiconque vous verra,
D'abord se récriera.... Ah !

On conte cent miracles,
Qu'opèrent en tous lieux
Presque tous les jours vos beaux yeux ;
On vous suit aux Spectacles,
Aux Cours, à l'Opéra,
Chacun dit : la voilà.... Ah !

L'autre jour un Malade,
Qui n'en pouvoit guérir,
Il étoit tout prêt d'en mourir,
Quand une seule œillade,
De vous, sur lui tomba,
Le Mort ressuscita... Ah !

Tome II. M

Paffant près de vous, Blaife,
Reluquoit vos appas,
Et foupirant, difoit tout bas :
Jarni ! qu'on eft bien aife,
Quand on tient dans fes bras
Une femme comme ça . . . Ah !

Un jour l'Hermite Luce,
Qui vient ici quêter,
Craignant de fe laiffer tenter,
Renfonça fon capuce,
Et trois fois fe figna,
Vous nomma Satanas . . . Ah !

Orgon, fexagénaire,
Plus avare qu'un Juif,
Difoit, en comptant fon tarif :
J'y mettrois mon enchere,
Si cette Beauté-là
Etoit de l'Opéra . . . Ah !

L'autre jour un bon Moine,
Qui vous vit par hafard,
Difoit, d'un ton de Papelard :
Le Diable, à Saint Antoine,

Pour le mettre à quia ,
N'avoit qu'à montrer çà . . . . Ah !

Certaine Demoiselle ,
Qui cherchoit des chalans ,
Et faisoit valoir ses talens ,
Disoit : ah ! qu'elle est belle !
Si j'avois ses appas ,
Que j'aurois de ducats . . . . . Ah !

Sortant du Séminaire ,
Certain dévot Abbé ,
Qui n'avoit jamais succombé ;
En disant son Bréviaire ,
Vous vit , vous admira ,
Et son livre tomba . . . Ah !

M. L'Abbé DE LATTAIGNANT.

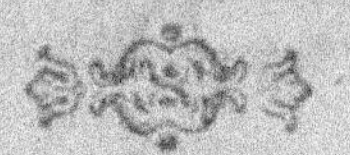

M *s*

CHANSON A BOIRE.

LE Dieu qui répand la lumiere,
Va terminer sa course dans les flots,
Et quitte le matin l'humide sein des eaux,
Pour recommencer sa carriere.
Mais, malgré l'ordre du Destin,
Qui lui fait éclairer le Monde,
S'il couchoit dans le vin, comme il couche dans l'onde,
Il ne sortiroit pas de son lit si matin,
Il ne sortiroit pas de son lit si matin.

SANADON.

LE PETIT-MAITRE.

AIR : *J'ai la Marotte.*

AINSI doit être
Un Petit-Maître :
Léger, amusant,
Vif, complaisant,
  Plaisant,
Railleur aimable,
Traître adorable :
C'est l'homme du jour,
Fait pour l'Amour.

D'un fade langage,
D'un froid persisflage,
Il fait un vain étalage;
Il veut tout savoir,
Il veut tout voir :
Sur tout il chicane
  Et ricane,
Jugeant de tout
  Sans goût.

M j

Ainſi doit être
Un Petit-Maître :
Léger, amuſant,
Et ſur le ton plaiſant ;
Railleur aimable,
De tout capable.
C'eſt l'homme du jour,
Fait pour l'Amour.

De la femme qu'il aura
Bientôt il ſe laſſera,
On s'attend bien à cela ;
Mais chacun a de ſon côté
  Même liberté,
Et rien ne ſera gâté.
A peine on ſe voit,
Sous le même toit ;
Chacun, comme étranger,
Peut vivre à ſa guiſe,
  Et s'arranger,
Sans qu'on s'en formaliſe.

Ainſi doit être
Un Petit-Maître :
Libre en ſes deſirs,
De plaiſirs en plaiſirs

Sans cesse il vole ,
Toujours frivole ;
C'est l'homme du jour,
Fait pour l'Amour.

L'esprit dégagé
De tout préjugé ,
Un goût de caprice
Le prendra pour quelque Actrice ;
Il la meublera ,
Et l'étalera ;
Et dans la coulisse ,
D'un souper lui parlera . . . .
Viens , c'est à l'écart ,
Sur le Rempart . . . .
Sa Désobligeante
Y conduit l'Infante.
Là , parlant d'abord ,
Soupant après ,
On donne essor
Aux malins traits :
L'absent a tort ,
Et les bons mots
Sont les plus sots propos.
On parle Vers ,
Concerts ,
Bijoux ,

Ragoûts,
Chevaux,
Romans nouveaux,
Pagodes,
Modes ;
On médit,
On s'attendrit,
On rit ;
Grand bruit
Au fruit ;
Ensuite, au Bal, on achève la nuit.
Le matin, mis comme un Valet,
Pâle & défait,
Monsieur, dans un Cabriolet,
Part comme un trait,
Et pousse deux
Chevaux fougueux,
Qui secouant leurs crins poudreux,
Renversent ceux
Qui sont près d'eux ;
Et s'échappant,
En galoppant,
Dans ce fracas,
Doublent le pas.
Notre moderne Phaëton,
Prenant un ton,
Va chez plusieurs Femmes de nom,

Leur fait la cour, pour les trahir ;
Les aime, comme on doit haïr ;
Ensuite il envoye un Coureur
Chez le Maignan, chez l'Empereur (*),
  Demander des assortimens,
  Des rivieres de diamans,
  Pour sa Déesse d'Opera,
  Qui bientôt s'en rira.
    Ainsi doit être, &c.
    M. François de Neufchateau.

(*) *Fameux Bijoutiers.*

LE VIEUX MARI.

Auprès d'un vieil Epoux, au lever de l'Aurore,
La jeune Iris apperçut un Moineau
Caresser sa moitié, sur un tapis de Flore,
Et pour recommencer encore,
Voler au sommet d'un berceau.
Pour voir le tendre amour de ce couple fidele,
Iris, en soupirant, éveille son Epoux.
Mais au lieu d'écouter les desirs de la Belle :
Laissez-là vos Moineaux, lui dit-il en courroux,
Aimerez-vous toujours la bagatelle ?

PANARD.

LE NID DE FAUVETTES.

AIR : *Dans un Bois solitaire & sombre.*

JE le tiens, ce nid de Fauvette ;
Ils sont deux, trois, quatre Petits.
Depuis si long-tems je vous guette,
Pauvres Oiseaux, vous voilà pris.

Criez, sifflez, petits rebelles,
Débattez-vous ; oh ! c'est en vain ;
Vous n'avez pas encor vos ailes :
Comment vous sauver de ma main ?

Mais quoi ! n'entends-je pas leur Mere,
Qui pousse des cris douloureux ?
Oui, je le vois, oui, c'est leur pere,
Qui vient voltiger autour d'eux.

Ah ! pourrois-je causer leur peine,
Moi, qui l'été, dans nos Vallons,
Venois m'endormir sous un chêne,
Au bruit de leurs douces chansons !

Hélas! si du sein de ma Mere,
Un Méchant venoit me ravir!
Je le sens bien, dans sa misere,
Elle n'auroit plus qu'à mourir.

Et je serois assez barbare,
Pour vous arracher vos enfans?
Non, non, que rien ne vous sépare,
Non, les voici, je vous les rends.

Apprenez-leur, dans le Bocage,
A voltiger auprès de vous;
Qu'ils écoutent votre ramage,
Pour former des sons aussi doux.

Et moi, dans la saison prochaine,
Je reviendrai dans les Vallons,
Dormir quelquefois sous un chêne,
Au bruit de leurs jeunes chansons.

M. Berquin.

LE MODELE DE LA CONSTANCE.

Mon cœur, chargé de sa chaîne,
Imite, dans ses Amours,
Un Ruisseau qui, dans la plaine,
Suit rapidement son cours.
        Toujours, toujours,
Je chérirai mon Isméne,
Je l'adorerai toujours.

Le jour que l'Aurore amène
Brille moins que ses attraits ;
La rose, qui s'ouvre à peine,
A l'air moins vif & moins frais :
        Jamais, jamais,
Je n'oublierai mon Isméne,
Je ne changerai jamais.

Quand le sort, qui tout entraîne,
Au tombeau nous conduira,
On gravera sur un chêne,
Que le tems respectera :
        Hélas ! hélas !
Rien ne fut si beau qu'Isméne,
Rien de plus tendre qu'Hylas.

Par M*^{me}*.

L'AVANTAGE DU SECRET.

AIR : *De tous les Capucins du Monde.*

BEAU Sexe, où tant de grace abonde,
Vous charmez la moitié du Monde :
Aimez, mais d'un amour couvert,
Qui ne soit jamais sans mystere.
Ce n'est pas l'Amour qui vous perd,
C'est la maniere de le faire.

BUSSI-RABUTIN.

LA PERSÉVÉRANCE COURONNÉE.

A I R : *Que ne suis-je la Fougere ?*

Au fond d'un bois solitaire ,
Le Berger Tircis un jour ,
Trouvant seule sa Bergere ,
Lui parla de son amour :
Vous savez , dit-il , cruelle ,
Quelle est ma fidélité ?
Votre rigueur éternelle
Ne m'a jamais rebuté.

Vos mépris , votre colere ,
N'ont pu me faire songer
A d'autres soins qu'à vous plaire ,
Et jamais à vous changer ;
Je me suis fait violence ,
Et l'Amour m'a su forcer
A me contraindre au silence ,
Plutôt qu'à vous offenser.

Si mon ame étoit légere ,
Mon destin seroit plus doux ;

Plus d'une aimable Bergere
M'a voulu venger de vous :
Ah ! qu'aiſément avec d'autres
J'euſſe trouvé mon bonheur,
Si d'autres yeux que les vôtres
Avoient pû charmer mon cœur.

Les ſoupirs interrompirent
Les plaintes de cet Amant ;
Les larmes qui les ſuivirent
Parlerent plus fortement :
La Bergere devint tendre,
Et ſe trouvant ſans temoins,
Fut contrainte de ſe rendre :
On ſe rend ſouvent à moins.

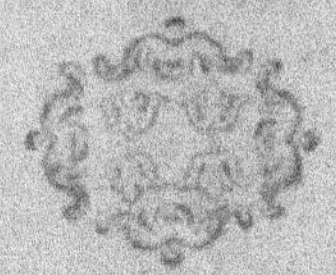

ROMANCE

ROMANCE

DE BASTIEN ET BASTIENNE.

AIR : *Dans ma Cabane obscure.*

PLUS matin que l'Aurore,
Dans nos Vallons j'étois ;
Bien après l'soir encore,
Dans nos Vallons j'restois ;
Le travail & la peine,
Tout ça n'me faisoit rien :
Hélas ! c'est que Bastienne
Etoit avec Bastien.

Drès que le jour se leve,
Je voudrois qu'il fut soir,
Et drès que l'jour s'acheve,
Au matin j'voudrois m'voir.
D'où vient c'que tout m'chagreine,
Et que j'nons l'cœur à rien ?
Hélas ! c'est que Bastienne
N'voit plus son cher Bastien.

Tome *II.*   N

L'changement de c'volage
Devroit bien m'dégager ;
Mais j'n'en ons pas l'coürage ,
Et je n'fais qu'm'affliger.
D'un ingrat quand on s'vange ,
C'eft fe dédommager :
Mais hélas ! Baftien change ,
Et je n'faurois changer.

Madame PAVART.

LA SURPRISE AGRÉABLE.

AIR des Folies d'Efpagne.

A Son Amant , un jour rêvoit Glycere :
Valere arrive , & la prend dans fes bras ;
Elle s'éveille , & s'écrie : Ah ! Valere ,
J'aurois gagé , que je ne rêvois pas.

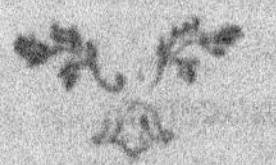

CONSEILS A ROSINE.

AIR : *Nous sommes Précepteurs d'amour.*

Aimez, vous avez quinze ans,
Et les graces de vôtre age :
Attendrez-vous plus long-tems ?
Ce seroit bien grand dommage.

Que faire à la fin du jour ?
Demandez à nos Compagnes :
Elles répondront : l'Amour ;
C'est le charme des campagnes.

Mais, ma Rosine, en secret,
Sans que le sachiez peut-être,
Quelque Pasteur beau, discret,
En vous Amour a fait naître.

On s'engage innocemment :
La pente est si naturelle !
Ecoutez, voici comment
Amour nous prend en tutelle.

N 2

De maints Pasteurs, dans les jeux,
Reçoit-on le doux hommage ;
Voilà bientôt l'un d'entr'eux
Qu'on remarque davantage.

S'il vient, on le voit de loin ;
L'on y pense, s'il s'absente :
S'il rend le plus petit soin,
On se sent reconnoissante.

Et le jour que ce Berger
Est de retour au Village ;
Voilà que, sans y songer,
Vous vous parez davantage.

Tout ce qu'un autre vous dit,
N'est qu'objet d'indifférence :
Mais du Berger qu'on chérit,
Tout vous plaît, ou vous offense.

Qu'il chante d'Amour les feux,
Vous restez embarrassée,
Si sur vous il a les yeux,
On ne vous a regardée.

Quelque Bergere dira :
Sa douce voix m'a ravie ;
L'éloge vous déplaira ,
Si la Bergere est jolie.

Si l'on ne peut plus douter
Qu'il ne songe qu'à vous plaire ,
On ne veut plus l'écouter ;
Mais on veut qu'il persévere.

Vous joint-il quelques instans ,
On est dans un trouble extrême ;
Vous parle-t-il du beau tems ,
On croit qu'il dit : je vous aime.

Quoi , dit Rosine , c'est là
Comme Amour vient nous surprendre ?
Ah ! Thémire , me voilà ,
Depuis que j'ai vu Silvandre.

MONCRIF.

N 5

A MADAME DE LA G**.

AIR : *De tous les Capucins du Monde.*

S'il suffisoit, belle Cousine,
D'avoir les charmes de Corine,
Pour inspirer de tendres sons,
Pour vous l'Auteur le plus aride,
Feroit cent couplets de Chansons,
Et vous en feriez un Ovide.

Mais les graces les plus touchantes
Ne sont pas toujours suffisantes ;
Et ce seroit trop présumer,
D'imaginer que l'on doit faire
Pour une Belle un art d'aimer,
Parce qu'elle a celui de plaire.

M. *l'Abbé* DE LATTAIGNANT.

L'ÉPICURIEN.

Je suis né pour le plaisir,
Bien fou qui s'en passe !
Mais je ne puis le choisir ;
Souvent le choix m'embarrasse.
Aime-t-on ? j'aime soudain :
Boit-on , j'ai le verre en main,
Je tiens partout ma place.

Dormir est un tems perdu ,
Bien fou qui s'y livre !
Sommeil , prends ce qui t'est dû ;
Mais attends que je sois yvre :
Saisis-moi dans ce moment ,
Fais-moi dormir promptement ,
Je suis pressé de vivre.

Mais si quelqu'objet charmant ,
Dans un songe aimable ,
Vient , du plaisir séduisant ,
M'offrir l'image agréable ,
Sommeil , allons doucement :
L'erreur est , en ce moment ,
Un plaisir véritable.

D'HAGUENIER.

N 4

L'ALTERNATIVE.

Air : *Sur un soupçon trop incertain.*

Tandis qu'Amour fait contre vous
L'inutile essai de ses armes,
Je vois Vénus qui, de vos charmes,
Détourne ses regards jaloux.
Soyez moins belle ou moins sévere :
N'est-ce donc pas assez, Doris,
De faire murmurer la Mere,
Sans irriter encor le Fils ?

LA RENCONTRE.

AIR : *Accompagné de plusieurs autres.*

LE premier du mois de Janvier,
Je rencontris un Savetier,
Entre sa Boutique & la nôtre.
Il me dit fort éloquemment :
Commere , bon jour & bon an ,
Accompagné de plusieurs autres.

Moi qui sais tout le Compliment
Du Jour de l'An , tout couramment ,
Comme je sais mes Patenôtres ,
J'réponds , sans chercher un moment :
Compere , & moi pareillement ,
Accompagné de plusieurs autres.

Cmoment , m'dit-il , va le Voisin ,
Et la Cousine & le Cousin ?
Comment se portent tous les vôtres ?
Comment l'Enfant se porte t'y !
Comment se porte le Mari ,
Accompagné de plusieurs autres ?

Commere , entrez, entrez chez nous ;
J'ons d'excellent vin à six sols :
Le vôtre ne vaut pas le nôtre.
Je n'me fis pas prier beaucoup ;
J'entris , nous y bûmes t'un coup,
Accompagné de plusieurs autres.

Quand il eut bien lavé son cœur ,
Le voilà qui , comme un Seigneur ,
Le long de la table se vautre ,
Et m'fait poliment la cour,
En poussant un hoquet d'amour,
Accompagné de plusieurs autres.

Il devient trop entreprenant ,
Je le repousse rudement ;
Sus vot'respect , j'l'envois aux piautres.
Il met la main dans mon corcet ;
Je le régale d'un soufflet,
Accompagné de plusieurs autres.

Il m'embrassa , je me fâchis ;
Il redoubla , j'm'appaisis ;
Il savoit bien , le bon Apôtre ,
Qu'un premier baiser nous déplaît ;
Mais qu'on pardonne quand il est
Accompagné de plusieurs autres.

M. FLEURI.

A MADAME DE M***.

Pour le jour de sa Fête.

AIR : *Pour la Baronne.*

C'EST Gasparine,
Que je me plais à célébrer ;
Qu'on vante une taille divine,
Un cœur qui se fait adorer,
 C'est Gasparine.

De Gasparine,
Un rien reçoit tant d'agrément,
Qu'Ovide eut oublié Cotine
Pour le plus simple compliment
 De Gasparine.

Pour Gasparine,
Si vous essayez de chanter,
D'Amour que la malice est fine !
Vous finirez par soupirer
 Pour Gasparine.

     A Gaſparine,
Je voulois n'offrir qu'une fleur :
L'inſtant d'après je m'examine ,
J'avois déja donné mon cœur
     A Gaſparine.
M. le Comte DE FONTETTE SOMMERI.

***

A UN MARI,

Pour le jour de ſa Fête.

AIR : *Que ne ſuis-je la fougere ?*

QUE veux-tu que je te donne ,
Pour Bouquet en ce moment ?
Si j'avois une Couronne
Je t'en ferois le préſent ,
Mon embarras eſt extrême :
Car je ne poſſéde rien.
En t'offrant un cœur qui t'aime ,
C'eſt te redonner ton bien.

*Madame DE E***

LA COQUETTE.

A I R : *C'est ma marotte d'aimer Marotte.*

Quelle folie
D'aimer Julie !
On la croit sans fard ;
Mais on sent trop tard
Son art.
D'abord on l'aime ,
D'amour extrême ;
Mais que les regrets
Suivent de près !

Ses coquetteries ,
Ses agaceries ;
Toutes ses minauderies
Peignent l'enjoûment
Du sentiment.
Otez-lui le masque :
La Fantasque
N'aura plus rien
De bien.

Qui peut nombrer ses Amans,
François, Russes, Allemans,
Irlandois & Bas-Normans ?
Seigneurs titrés,
Abbés mitrés.
Sans les Robins, les Plumets ;
Et son Mari que j'omets ?
J'ai vû tous ces fous,
Faisant les yeux doux,
Tomber à ses genoux.
L'adroite Friponne
Se rit d'eux tous....
Mais sans fâcher personne.

Quelle folie
D'aimer Julie !
On la croit sans fard ;
Mais on sent trop tard
Son art.
D'abord on l'aime,
D'amour extrême ;
Mais que les regrets
Suivent de près !

O loyaux Amans
De nos vieux Romans ;

Vos feux, vos sermens
Suppofent des mœurs peu commodes.
Durant cinquante ans,
Vous étiez conftans :
Le beau paffe-tems !
De plus douces modes
Font aujourd'hui
Fuir l'ennui.
Chaque Freluquet,
Bien plus coquet
Que nos jeunes Dames,
Subjugue leurs ames
Avec du caquet.

※

Point de langueurs,
Point de rigueurs.
Un Amoureux,
A peine heureux,
Doit par honneur
Être las du bonheur.
L'homme eft un papillon léger,
Fait pour changer ;
Et la Femme eft tout comme
L'Homme.
Son feu
N'eft qu'un jeu.
Son cœur,

Moqueur,
Suivant
Le vent,
Jure souvent
Ce qu'il dément
Dans le moment.
Julie, oui, c'est là, trait pour trait,
Votre portrait.

Pourtant je ne dispute pas
Sur vos appas.
Peut-on, hélas !
Tromper vos lacs ?
Qui vous verra,
S'y complaira.
Mais, dans vos fers,
Par quels travers,
Est-on rival de l'Univers ?
De votre voix les doux accens,
Ces yeux perçans,
Vifs, agaçans,
Ont sur nos sens
Des droits puissans.
Mais pourquoi nous faire l'affront,
De mener vingt dupes de front ?
Laissez un instant désarmer
Cet orgueil qui veut tout charmer.

Craignez

Craignez , qu'enfin ,
L'Amour plus fin ,
Pour se venger du guet-à-pens ,
Ne rie à vos dépens.

Quelle folie ,
D'aimer Julie !
On la croit sans fard ;
Mais on sent trop tard
Son air.
D'abord on l'aime
D'amour extrême ;
Mais que les regrets
Suivent de près !
M. FRANÇOIS DE NEUFCHATEAU.

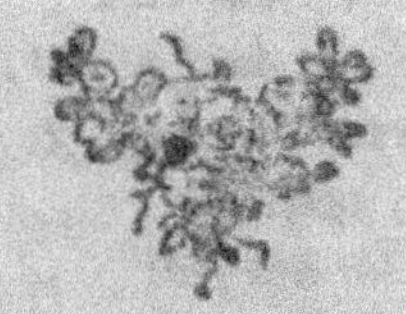

A BRILLANT,

CHATTE DE MADAME D**.

AIR *du Vaudeville d'Épicure.*

JUSQU'AUX deux bouts de la Terre,
Brillant, vos attraits sont connus :
D'Amourette vous êtes mere ;
Des Chats vous êtes la Vénus.
De votre grace enchanteresse,
Tout est charmé, tout parle ici ;
Célimène est votre Maîtresse :
Que n'est-elle la mienne aussi !

*M. le Chevalier de B**.*

LE RETOUR DE LA LIBERTÉ.

Grace à tant de tromperies !
Grace à tes coquetteries !
Nice, je respire enfin.
Mon cœur, libre de sa chaîne,
Ne déguise plus sa peine ;
Ce n'est plus un songe vain.   *Bis.*

Toute ma flamme est éteinte :
Sous une colere feinte,
L'Amour ne se cache plus.
Qu'on te nomme en ton absence ;
Qu'on t'adore en ma présence,
Mes sens n'en sont point émus.   *Bis.*

En paix, sans toi, je sommeille ;
Tu n'es plus, quand je m'éveille,
Le premier de mes desirs.
Rien de ta part ne m'agite ;
Je t'aborde, & je te quitte,
Sans regrets & sans plaisirs.   *Bis.*

O 2

Le souvenir de tes charmes,
Le souvenir de mes larmes
Ne fait nul effet sur moi.
Juge enfin comme je t'aime ;
Avec mon Rival lui-même,
Je pourrois parler de toi.   *Bis.*

Tu crois que mon cœur t'adore,
Voyant que je parle encore
Des soupirs que j'ai poussés ;
Mais, tel, au Port qu'il desire,
Le Nocher aime à redire
Les périls qu'il a passés.   *Bis.*

J. J. ROUSSEAU.

LES REGRETS DE THÉMIRE.

AIR : *A notre bonheur l'Amour préside.*

JE reconnois ce triste Bocage,
Si funeste à ma tranquillité ;
C'est sur ce gazon, sous cet ombrage,
Que j'ai perdu ma félicité ;
C'est là que Tircis, sur sa musette,
 D'une ardeur parfaite,
 Exprimoit les feux ;
J'ai fait l'aveu d'un amour extrême,
 Qui, malgré moi-même,
 Parut dans mes yeux.

Certaine rougeur sur mon visage,
Mon air distrait, mon sein agité,
Mon innocence & mon peu d'usage,
Tout lui dévoiloit la vérité.
Il me prend la main, j'étois tremblante ;
 Mon trouble s'augmente
 A chaque moment.
Pour combattre le feu qui l'anime,
 Ma bouche s'exprime,
 Et mon cœur la dément.

Oui, Thémire, oui, je vous adore,
Me répétoit-il si tendrement ;
Que je ne voye jamais l'Aurore,
Si je cesse d'être votre Amant !
Si je renonce au soin de vous plaire,
     D'une autre Bergere,
     Si je suis les pas ,
Que le tendre Amour, qui voit ma flâme
     Ne livre mon ame
     Qu'à des cœurs ingrats.

Le bruit des ruisseaux, cette verdure,
Et la présence de mon vainqueur,
Dans cet instant, tout dans la Nature
Se réunissoit contre mon cœur.
Les premiers efforts de sa tendresse
     Sont, par ma sagesse,
     D'abord repoussés ;
Je n'ose en exprimer davantage....
     Il devint volage,
     C'est en dire assez.

ENVOI DE DEUX COLOMBES.

AIR : *Dans un Bois solitaire & sombre.*

Symbole des Amans fideles ,
Tendres oiseaux , chers à Cypris ,
Vous que j'ai pris pour mes modéles ,
Je vous envoye à ma Néris.

C'est la meilleure des Maîtresses ;
Votre destin sera trop doux :
Que vous en aurez de caresses ,
Et comme elle aura soin de vous !

Ne prenez point un air farouche ;
Vos repas seront dans sa main ,
Quelquefois même sur sa bouche ;
Et pour nid , vous aurez son sein.

Le Printems revient dans la plaine ;
Les frimats font place aux beaux jours ;
Zéphir , de sa féconde haleine ,
Va faire éclore les Amours.

Sous les yeux de ma belle Amie,
Suivez vos tendres mouvemens ;
Plongez-la dans la rêverie,
Par vos fréquens roucoulemens.

Que j'aimerois à la surprendre,
Comptant vos baisers trop nombreux !
Pourroit-elle alors se défendre,
De m'en donner seulement deux !

M. MARESCHAL.

COUPLETS

Adressés à Madame la Princesse **, par Madame
la Comtesse de **, en lui envoyant un Grouppe
représentant l'Amitié qui éteint le flambeau de
l'Amour.

AIR : *Vous qui, du vulgaire stupide.*

Nos Beautés, aimable Princesse,
Ne songent ici qu'à charmer,
Et quand il faut plaire sans cesse,
Comment trouver le tems d'aimer ?
Vous le trouvez, la chose est sûre ;
L'Amitié vous plaît sans fadeur :
Princesse, en voici la peinture ;
Le modéle est dans votre cœur.

Lorsque pour vous j'ai, dans mon ame,
Senti l'amitié s'allumer,
Que j'ai chéri sa douce flamme !
Il est si doux de vous aimer !
Si le Sexe, amoureux du nôtre,
M'offroit tous les cœurs en un jour,
Que l'Amitié m'offre le vôtre,
Je céde le reste à l'Amour.

M. IMBERT.

A MADAME DE C***.

AIR : *Gentille Pastourelle.*

Quelque plaisir qu'on sente
A pouvoir tourmenter,
Je plains celle qui tente
Sans se laisser tenter ;
Auprès de vous, ma Tante,
Il faudroit emprunter
Votre ame indifférente,
Pour vous bien résister,
Ou votre voix touchante,
Pour se faire écouter.

*M. le Chevalier de B***

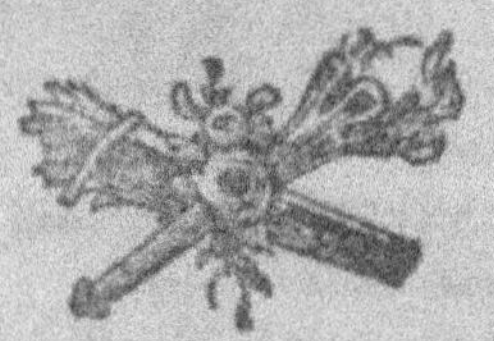

LA COUR ORDINAIRE

D'une jolie Femme , de l'extrêmement bonne
Compagnie.

AIR : *Toujours , toujours , elle est toujours
la même.*

Hier Lindor , du jeu toujours martyre ,
 Perd , sur un As ,
Plus de mille ducats ;
Je vois son embarras ;
Il veut que je l'en rie.
Il me jure avec feu ,
Qu'il déteste le jeu :
*Qu'il y renonce à jamais , qu'il ne veut plus aimer
que moi ; & je lui réponds :*
J'ai des vapeurs , quand un joueur soupire.

A ma toilette , un Abbé me fait rire ;
 Mon Perroquet
Retient tout son caquet ;
Mon Singe est plus coquet ,
Depuis qu'il vient l'instruire :
Mais s'il m'offroit son cœur ,

Percé d'un trait vainqueur :
Ah ! vîte ! vîte ! un flacon ; éloignez-vous , l'Abbé :
vîte un flacon , l'Abbé !
J'ai des vapeurs , quand un Abbé soupire.

Un Président s'en vient un jour me dire :
Dieux ! que d'appas !
Comment ne l'aimer pas ?
Et puis d'un ton plus bas :
Aimez , belle Thémire.
Un peu de volupté ,
Sied bien à la beauté . . . .
Vous allez lâcher une fadeur , Président ; déja le
cœur me manque.
J'ai des vapeurs , quand un Robin soupire.

Un beau Marquis , que tout Paris admire,
Me divertit ;
Il chante , il boit , il rit ;
Il conte avec esprit ;
Il folâtre , il se mire ;
Il veut dans le moment ,
Devenir mon Amant.
Marquis , vous me prenez , je crois , pour une Fille
d'Opéra. Marquis , finissez-donc , ou je vais sonner.
J'ai des vapeurs , quand un Marquis soupire.

Un Financier, n'allez pas en médire,
Me traite au mieux ;
Ses Soupers sont joyeux ;
Son Champagne mousseux,
En pétillant m'inspire :
Mais dès qu'il s'attendrit,
Tout son feu me trahit.

Allez donc ! un Fermier-Général qui fait ainsi l'enfant ! d'honneur, je ne reviendrai plus dans votre Petite Maison.

J'ai des vapeurs, lorsque Mondor soupire.

Il est charmant, par-tout on le desire ;
Mon Médecin
Est un Être divin !
Ses doigts, d'un blanc satin,
S'exercent sur ma Lyre.
Un jour, en me tâtant,
C'est qu'il me serra tant !

Que je ne pus m'empêcher de crier : ah ! Docteur ! Docteur ! ma tête ! mes nerfs ! ménagez-moi, par grace ! ménagez-moi.

J'ai des vapeurs, quand un Docteur soupire.

Certain Rimeur, que j'ai pris pour me lire,
Vient à son tour
Pour me faire la Cour.

Qu'il est gauche en amour !
Dans son plaisant délire ,
Il se met en courroux ,
Ou me prend les genoux....
Monsieur l'Abbé , le Bel-esprit , je vous permets les
écarts poétiques , mais non ceux de cette nature.
J'ai des vapeurs , lorsqu'Apollon soupire.

J'ai des vapeurs , si-tôt que l'on soupire.
De déplaisir ,
L'Amour me fait mourir :
Ne pouvez-vous languir ,
Messieurs , sans me le dire ?
Epargnez la fadeur ;
Trêve de vive ardeur !
Ecoutez , si cela peut vous plaire , mourez , mais ne
m'ennuyez pas. Vingt Amans de moins ne donnent point
la migraine à une jolie Femme.
J'ai des vapeurs , quand un Galant soupire.

L'ÉLOGE DES VIEUX.

AIR : *Lison dormoit dans un Bocage.*

Vous connoissez Dame Gertrude :
C'est une Femme à sentiment,
Qui n'est ni coquette, ni prude,
Mais qui pense solidement.
L'on ne voit point chez cette Belle
De jeunes gens avantageux ;
Ce sont des Vieux, ce sont des Vieux,
Qu'elle aime à recevoir chez elle ;
Ce sont les Vieux, ce sont les Vieux,
Qu'avec raison elle aime mieux.

Les Petit-Maîtres sont volages :
On ne sauroit compter sur eux ;
Les Barbons sont prudens & sages,
Et méritent mieux d'être heureux ;
Un Jeune trompe sa Maîtresse,
Et ceux qui la traitent le mieux,
Ce sont les Vieux, ce sont les Vieux ;
Ils ont plus de délicatesse ;
Ce sont les Vieux, ce sont les Vieux,
Qui sont beaucoup moins dangereux.

Le Jeune va courir sans cesse ,
Et voltige de fleurs en fleurs ;
Le Vieux s'en tient à sa Maîtresse ,
Et sent le prix de ses faveurs ;
Le Jeune se croit un Narcisse ,
Que rien n'est plus beau sous les Cieux.
Ce sont les Vieux , ce sont les Vieux ,
Qui savent se rendre justice ;
Ce sont les Vieux , ce sont les Vieux ,
Qui craignent qu'on ne trouve mieux.

Le Jeune , toujours dans l'ivresse ,
Ne suit que son tempérament ;
Le Vieux jouit avec sagesse ,
Avec goût & discernement ;
On est flatté de la tendresse
De ceux qui s'y connoissent mieux :
Ce sont les Vieux , ce sont les Vieux ;
Leur choix , toujours plein de justesse ,
Le choix des Vieux , le choix des Vieux ,
Est aux Dames plus glorieux.

Le Jeune , assez souvent , s'expose
A des regrets , à des douleurs ;
Il cueille une brillante rose ,
Sans voir l'épine sous les fleurs.

Amour

Amour s'en plaignit à sa Mere ,
Un jour , dit-on , la larme aux yeux.
Quand on est vieux , quand on est vieux ,
On examine , on considere ;
Quand on est vieux , quand est vieux ,
On est moins vif & plus soigneux.

Si l'on n'est pas si bien traitée
Par un Vieux que par un Cadet ,
Du moins on est plus respectée ,
Et son hommage est plus discret ;
Sans abuser de sa victoire ,
Il est doux & cache ses feux :
Prenez un Vieux , prenez un Vieux ,
Il ménagera votre gloire ;
Prenez un Vieux , prenez un Vieux ,
Et vous vous en trouverez mieux.

M. l'Abbé DE LATTAIGNANT.

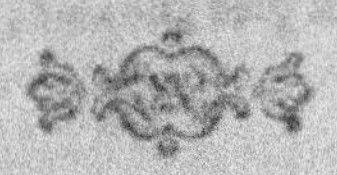

LES JEUNES GENS VENGÉS.

Sur le même air.

Vous connoissez la jeune Hortense :
C'est un objet plein d'agrément,
Qui sut toujours, à la constance,
Allier le discernement ;
Elle aime à recevoir chez elle
De jeunes Gens, vifs & joyeux ;
Mais pour des Vieux,   *Bis.*
On n'en voit point chez cette Belle ,
Mais pour des Vieux ,   *Bis.*
Ils lui semblent trop ennuyeux.

Des jeunes-gens les plus volages ,
La Beauté peut fixer les cœurs :
Si le tems rend les Vieux plus sages,
C'est en éteignant leurs ardeurs.
Un Jeune chérit sa Bergere ,
S'il est l'objet de tous les vœux ;
Mais pour un Vieux ,   *Bis.*
Il est plaisant quand il veut plaire ;
Mais pour un Vieux ,   *Bis.*
On rit de son air langoureux.

Le Jeune peut jouir sans cesse ;
Sa vie est un tissu de fleurs.
Le Vieux déplaît à sa Maîtresse,
Même en achetant les faveurs.
Le Jeune, sans être un Narcisse,
Parvient à charmer deux beaux yeux.
On quitte un Vieux,   *Bis.*
Avant qu'il se rende justice ;
On quitte un Vieux,   *Bis.*
Aussi-tôt qu'on peut trouver mieux.

Le Vieux veut envain, par adresse,
Rappeller son tempéramment ;
Le Jeune, au gré de sa Maîtresse,
Sait profiter du bon moment.
On est flatté de la tendresse
De ceux qui la prouvent le mieux :
Sont-ce les Vieux ?   *Bis.*
Ils sont trompés par leur foiblesse.
Sont-ce les Vieux ?   *Bis.*
Ils sont las avant d'être heureux.

Prés d'un Tendron, pour peu qu'il ose,
Le Vieux n'a droit qu'à la rigueur :
En voulant cueillir une rose,
Il lui fait perdre sa fraîcheur.
L'Amour s'en plaignit à sa Mere,

Un jour, dit-on, la larme aux yeux :
Quand on est vieux,   *Bis.*
On devroit déserter Cythère ;
Quand on est vieux,   *Bis.*
On fait fuir les Ris & les Jeux.

❧

Sur sa Beauté, très-mal servie,
Un Barbon garde le secret :
Quand on craint la plaisanterie,
Qu'il est aisé d'être discret !
Au bon goût, c'est faire une injure,
Que de mépriser, pour un Vieux,
Jeune Amoureux,   *Bis.*
Qui sort des mains de la Nature,
Jeune Amoureux,   *Bis.*
Dont la force égale les feux.

❧

Si la Fontaine de Jouvence
Pouvoit couler pour Lattaignant,
Ce nouveau Chantre de la France
S'exprimeroit bien autrement,
Près des siens, où l'esprit pétille,
Si l'on supporte mes Couplets,
C'est qu'ils sont vrais,   *Bis.*
J'en appelle à vous jeunes Filles ;
C'est qu'ils sont vrais :   *Bis.*
Les Vieux ne nous vaudront jamais.

M. AUGUSTE.

L'ADOLESCENCE.

Air : *Dans un Bois solitaire & sombre.*

Reviens, reviens, heureuse enfance
De ton bandeau couvre les feux,
Que la brûlante Adolescence
A fait succéder à tes jeux.

Mais, c'est en vain !... tristes victimes
Des préjugés & du devoir,
On croit nos caresses des crimes ;
C'en est un même de nous voir.

Les Méchans ! notre amour les blesse ;
Ils nous jugent d'après leur cœur.
Si l'Amour est une foiblesse,
Falloit-il nous tirer d'erreur ?

Nous n'aurions connu que ses charmes ;
Nos plaisirs, toujours innocents,
Ne nous causeroient point d'allarmes,
Et nous ferions encore enfans.

M. MARÉCHAL.

P ;

TABLEAU DE LA VIE HUMAINE.

AIR : *Que ne suis-je la fougère ?*

Dans les jours de la folie,
On jouit sans rien prévoir ;
En avançant dans la vie,
Nos seuls biens sont dans l'espoir.
La Vieillesse encor projette :
Mais avant d'exécuter,
L'heure sonne, & l'on regrette,
Sans avoir à regretter.

*Madame la Marquise de B**.*

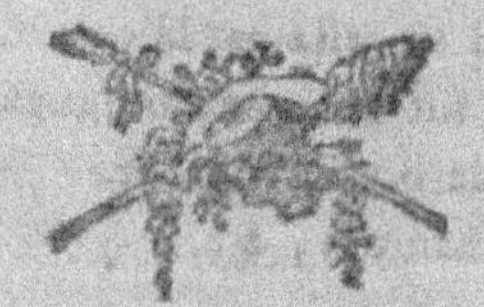

LA NAISSANCE DE BACCHUS.

Air: *Lampons, Camarade, lampons.*

Pour Sémelé & Jupiter,
Bacchus fut un fruit amer ;
Car Sémelé en avorta,
Et Jupiter le porta
Pendant neuf mois dans sa cuisse,
Puis fut s'accoucher en Suisse.
Chantons, chantons,
Le Dieu des Treize-Cantons.

De Suisse en Franche-Comté,
Dans son dix-huitième été,
D'abord ce Dieu s'en alla ;
Mais il ne resta pas là :
Il s'en fut droit en Bourgogne,
Faire de bonne besogne.
Chantons, &c.

En faveur des Allemans,
Il eut quelques bons momens.
Le jour qu'il fut le plus gai,
Il fit le vin de Tokai.

De loin , maudissant la Brie,
Il bénissoit la Hongrie.
    Chantons , &c.

Sur ce Pere des Baveurs,
Vénus versa ses faveurs ;
Un jour cet Amant divin,
Qui mêloit l'Amour au vin,
Sur le revers d'une tonne
Perça le cœur d'Erigone.
    Chantons , &c.

Pour les Femmes de sa Cour,
Plus fort qu'Hercule en amour,
C'est en Suisse qu'il apprit ,
A leur contenter l'esprit ;
Dans l'Inde , avec Ariane ,
Il fut tendre . . . . comme un âne.
    Chantons , &c.

Dans une Orgie , un beau soir
Il montra bien son pouvoir ;
L'on dit . . . l'on fit plus ; on crut
Q'en cette nuit seule , il eut
Les façons les plus engrantes
Avec trente-trois Bacchantes.
    Chantons , chantons
Le Dieu des Treize-Cantons.

M. COLLÉ.

LA BERGERE EXIGEANTE.

AIR : *On fait ce qu'on peut.*

DAMON, calmez votre colere :
A quoi bon ces emportemens ?
Dès que je dépends de ma mere,
Suis-je maîtresse de mon tems ?
Pour vous, d'amour mon cœur pétille ;
Hélas ! je ne pense qu'à vous :
Et si je manque au rendez-vous,
Vous savez que, quand on est fille,
　　On fait ce qu'on peut,
　　Et non pas ce qu'on veut.

Pénétré d'un aveu si tendre,
Damon de joie est transporté,
Sur eux l'Amour alloit répandre
Les charmes de la volupté ;
Quand, par une malice extrême,
Ce Dieu voulant tromper leurs vœux,
De Damon suspendit les feux,
Et lui fit voir que, quoiqu'on aime,
　　On fait ce qu'on peut,
　　Et non pas ce qu'on veut.

Mais bientôt l'Amour le ranime :
Tout est force en lui, tout renaît ;
Trois fois il répare le crime
Que son trop d'ardeur avoit fait.
Redouble, cher Amant, dit-elle,
Redouble, reste entre mes bras.
J'y sens, répondit-il, mille appas :
Mais vous seriez cent fois plus belle,
 Qu'on fait ce qu'on peut,
 Et non pas ce qu'on veut.

✥✥

Hélas, je vois bien, dit Aminte,
L'air attristé, les yeux baissés,
Que votre amour n'étoit que feinte :
Votre tiédeur le prouve assez.
De Damon, surpris de l'entendre,
Ce reproche attise le feu.
Elle en tire encore un aveu :
Mais cet aveu lui fit comprendre,
 Qu'on fait ce qu'on peut,
 Et non pas ce qu'on veut.

RIBOUTET.

LES TROIS PRIX.

A MADAME DE L. V. P.

Sous le nom d'Hélène.

AIR : *Nous sommes Précepteurs d'amour.*

L'Olimpe un jour fixa trois prix ;
(Amour m'en a coûté l'histoire :)
Les Muses, Minerve & Cypris,
Devoient décider la victoire.

Le premier, c'est pour la Beauté,
Dit Vénus, il faut qu'elle étrenne ;
Pour le choix, on est arrêté ;
L'Amour alors présente Hélene.

Ah ! dit Minerve avec humeur,
Par-tout Vénus commande en Reine !
Que celui-ci soit au bon cœur :
On s'écria : c'est pour Hélene.

Si chacun tire à son profit ,
Disent les Nymphes d'Hypocrène ,
Nous mettons l'autre pour l'esprit :
Apollon dit : c'est pour Hélène.

M. MASSON DE MORVILLIERS.

A UNE JOLIE FEMME,

En lui envoyant l'Art d'aimer.

AIR du *Prévôt des Marchands*.

N'en déplaise au gentil Bernard !
Aimer ne fut jamais un Art :
Mais pour qui porte une ame tendre ,
Et voit vos dangereux appas ,
Le grand art qu'il faudroit apprendre ,
Seroit celui de n'aimer pas.

M. DE B**.

LE CHARME DES BOIS.

AIR *du Vaudeville d'Epicure.*

QUE j'aime ces Bois solitaires!
Aux Bois se plaisent les Amans;
Les Nymphes y sont moins sévères,
Et les Bergers plus éloquens.
Les gazons, l'ombre & le silence
Inspirent les tendres aveux;
L'Amour est au Bois sans défenses:
C'est au Bois qu'il fait des heureux.

Venez aux Bois, Beautés volages,
Ici les Amours sont discrets;
Vos Sœurs visitent leurs ombrages:
Les Grâces aiment les Forêts.
Que ne puis-je, aimable Glycère,
M'y perdre avec vous quelquefois!
Avec la Beauté qu'on préfère,
Il est si doux d'aller aux Bois!

Un jour j'y rencontrai Thémire,
Belle comme un Printems heureux;

Ou son Amant, ou le Zéphire,
Avoit dénoué ses cheveux,
Je ne sais point quel doux mystere
Ce galant désordre annonçoit;
Mais Lycas suivoit la Bergere,
Et la Bergere rougissoit.

M. C**.

A UNE DAME

Qui se miroit dans une Fontaine.

AIR : *De tous les Capucins du Monde.*

VOULEZ-VOUS imiter Narcisse,
Dans son amour, dans son supplice,
De soi-même, insensé rival?
Doris, si telle est votre envie,
Accordez-moi l'original,
Et je vous céde la copie.

J. B. ROUSSEAU.

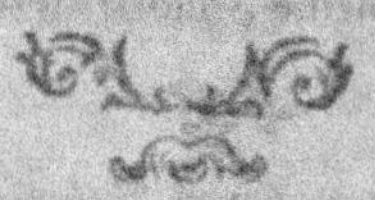

A MADAME DE***.

AIR *des Francs-Maçons.*

CONSOLEZ-VOUS, si le bel âge
　　Fuit d'un vol léger :
L'esprit fait, de ce vain partage,
　　Vous dédommager ;
L'esprit, sur vos riantes traces,
Fixe les roses du printems ;
Il n'est qu'un âge pour les grâces,
Et Minerve est de tous les tems.

La brillante saison de Flore
　　En vain nous sourit ;
La Fille, des pleurs de l'Aurore,
　　Le soir se flétrit.
Tandis que la sage Pomone
Nous comble d'utiles faveurs,
Les présens que nous fait l'Automne,
Pour l'Hiver même, ont des douceurs.

L'Amour, que la Sagesse éclaire,
　　Vole sur vos pas,

Et vous prêtez à l'art de plaire
    De nouveaux appas ;
De fleurs les Muses couronnées,
Vous offrent leurs simples présens :
On ne compte point les années,
Où l'on compte des agrémens.

Le doux plaisir de vous entendre
    Nous ramene à vous ;
Votre raison, sans y prétendre,
    Captive nos goûts ;
Votre charme sera durable,
Le pur sentiment l'a formé :
Lorsque l'on est toujours aimable,
L'on est toujours sûr d'être aimé.

Malgré, d'un magique artifice,
    Les secrets vantés,
Circé vit constamment, d'Ulysse,
    Ses dons rejettés :
Mais si l'adroite Enchanteresse
Avoit pris votre ton vainqueur,
Ulysse eût oublié la Grèce,
Et l'esprit eût fixé son cœur.

Lein

Loin de vos yeux, chassez l'image
   Du sombre avenir.
L'art de penser, pour le vrai Sage,
   C'est l'art de sentir.
D'Anacréon, fidèles guides,
Les Jeux l'entourèrent toujours;
Et Saint Evremont, dans ses rides,
Avoit retenu des Amours.

Pour moi, je brave la Vieillesse :
   Elle peut venir;
J'animerai de ta tendresse
   Mon dernier soupir;
Par un aimable badinage,
Je corrigerai ma raison :
Il est des plaisirs de tout âge,
Et des fleurs de toute saison.

M. D'ARNAUD.

AUX TROIS SŒURS.

AIR des Triolets.

Aimables Sœurs, entre vous trois,
A qui mon cœur doit-il se rendre ?
Il n'a point encor fait de choix,
Aimables Sœurs, entre vous trois :
Mais il ne se rendra, je crois,
Qu'à la moins fiere, a la plus tendre ;
Aimables Sœurs, entre vous trois,
A qui mon cœur doit-il se rendre ?

L'Abbé MANGENOT.

LES REVENANS.

VAUDEVILLE

Sur la Rentrée du Parlement.

AIR : *Chanſons, Chanſons.*

UN Eſprit fort, dont notre Hiſtoire
Nous conſervera la mémoire
    Dans tous les tems,
Aux Compagnons de ſa victoire,
Diſoit : » Qu'il ne falloit pas croire
    » Aux Revenans. »

Il s'en ſouvient, ils s'en ſouviennent ;
Mais quand des Revenans reviennent
    Après quatre ans,
Cette apparition notoire,
Force d'en revenir à croire
    Aux Revenans.

Grand Roi, ta divine puiſſance,
Evoque les ombres en France.
    Spectres errans,

Apparoissez, bravez l'envie !
Louis rend les biens & la vie
  Aux Revenans.

Les Dieux sont Dieux par leur clémence ;
Et c'est à regret qu'on encense
  Des Dieux tonnans :
Deviens Dieu par ta bienfaisance ;
Tu l'es déja par la présence
  Des Revenans.

Sur ces Héros patriotiques,
Et de leurs couronnes civiques
  Tout rayonnans,
Place le Romain Malesherbes,
L'un des grands & des moins superbes
  Des Revenans!

Toi, Miromesnil, ombre fiere,
Et du trône & de sa batriete
  L'un des tenans,
Avec quel doux transport, chere ombre,
Nous t'avons vu d'abord au nombre
  Des Revenans!

Toi, Revenant, qui fus des nôtres,
Toi, qui fais revenir les autres,
Et le bon tems,
Ministre sans titre & sans gages,
Maurepas, reçois les hommages
Des Revenans.

Au comble, aujourd'hui, de la gloire,
Puisses-tu lire notre Histoire
Dans deux cents ans !
Tu t'y verrois, sur ma parole,
Jouant le plus auguste rôle
Des Revenans.

M. COLLÉ.

LE SILENCE.

A I R : *Nous sommes Précepteurs d'amour.*

NE parler jamais qu'à propos,
Est un rare & grand avantage :
Le silence est l'esprit des Sots,
Et l'une des vertus du Sage.

*M. le Chevalier de B**

SUR LES CHANGEMENS

DE MINISTRES,

Dans le dernier Regne.

AIR : *Quoi ! ma Voisine, es-tu fâchée ?*

N'AVEZ-VOUS pas vu dans la nue
Un cerf-volant,
Qui, sur une corde menue,
Plane en tremblant ?
Des Ministres telle est la place :
On n'y tient pas ;
Le vent change, la corde casse ;
Ils sont à bas.

M. l'Abbé DE LATTAIGNANT.

L'INFIDÉLITÉ PARDONNÉE.

ROMANCE.

AIR : *Que ne suis-je la Fougere !*

PRÈS de coquette Bergere,
Qui m'agaçoit en douceur,
D'amourette passagere,
Si n'ai point gardé mon cœur,
Hier, pour telle foiblesse,
Me croyois abandonné :
Mais tant bonne est ma Maîtresse,
Qu'aujourd'hui suis pardonné.

Le long de son beau visage,
Larmes ai vu ruisseler ;
Ai surpris son doux langage
Tendrement me rappeller ;
Lors, n'osant répliquer mie,
Suis resté tout en émoi,
Et pleurant avec ma Mie,
Me remis dessous sa loi.

Q 4

C'en est fait : toujours pour elle
Brûlerai, bien le promets :
Et nulle autre Pastourelle
Ne me poindra désormais.
Oui, Beauté que rien n'efface ,
Oui , je suis à ta merci ,
Et veux finir en ta grace ,
Heureux de finir ainsi.

Adonc en pleurs & seulette
Devers ma tombe viendras ,
Et du fer de ta houlette
Nos deux noms y graveras :
Puis , si tu veux , ma tant Belle ,
Parler de mon changement ,
Dis que te fus infidelle ,
Mais ne le fus qu'un moment.

A GLYCERE.

AIR : *Triste Raison, &c.*

OUI, dès long-tems, j'ai percé le mystere,
Que dans ton cœur tu croyois renfermer ;
Toujours, toujours, tu préféras, Glycère,
L'orgueil de plaire à la douceur d'aimer.

Toujours aussi, ma vengeance fut prète,
Et nous marchions tous deux à pas comptés :
Quand tes beaux yeux faisoient une conquête,
Je te faisois une infidélité.

Si je voyois, à ta fausse tendresse,
Que sans amour tu voulois m'enflammer ;
Tout fut payé : car tu voulois sans cesse
Plaire par-tout, & moi par-tout aimer.

Adieu, Glycere ! Ah ! si tu me regrettes,
Tu vas changer en plaisirs mes tourmens :
C'est tout exprès pour punir les Coquettes,
Qu'Amour a fait les volages Amans.

M. IMBERT.

LA HUITAINE.

AIR: Que ne suis-je la Fougere ?

Dimanche, je fus aimable ;
Lundi, je fus autrement ;
Mardi, je fus raisonnable ;
Mercredi, je fis l'enfant ;
Jeudi, je fis la capable ;
Vendredi, j'eus un Amant ;
Samedi, je fus coup.ble ;
Dimanche, il fut inconstant.

*Madame la Marquise de E***

CONSEILS.

AIR : *Dans un Bois solitaire, & sombre.*

AMANS, apprenez la science
D'économiser le plaisir ;
Oui, même après la jouissance,
Sachez qu'on peut encor jouir.

Dans les beaux Jardins de Cythere,
Ne cueillez pas tout en un jour ;
Si vous voulez long-tems lui plaire,
Ménagez les fruits de l'Amour.

Le champ du plaisir est fertile,
Il faut savoir le moissonner ,
Et pour la saison difficile ,
Laisser quelque chose à glaner.

M. MARESCHAL.

L'INFIDÉLITÉ.

AIR : *Des Triolets.*

Si Lise a trahi nos amours,
Il n'est plus de bonheur pour elle ;
Eh ! qui pourroit la trouver belle,
Si Lise a trahi nos amours ?
Son cœur qui m'aimera toujours,
Me vengera de l'Infidelle.
Si Lise a trahi nos amours,
Il n'est plus de bonheur pour elle.

M. DAVESNE.

A MADAME***.

AIR *du Menuet d'Exaudet.*

QUAND je vois
Ce minois,
Plein de charmes ;
Que je contemple ces yeux,
Où le plus grand des Dieux
A déposé ses armes ;
Jeune Iris,
Je languis,
Je soupire,
Et tu devines déja
Ce que ce soupir-là
Veut dire.

Mais le mal qui me possède
A besoin d'un prompt remede
Hâte-toi,
Aime-moi
Comme j'aime ;
En soulageant ma langueur,
Tu feras ton bonheur
Toi-même.

Trop d'orgueil
Est l'écueil
Du bel-âge !
Le tems qui sans cesse fuit,
Sans cesse t'avertit
D'en faire un doux usage :
Dès ce jour,
C'est l'Amour
Qu'il faut suivre ;
Hélas ! comment s'en passer ?
Aimer, c'est commencer
A vivre.

M. FLEURI.

ROMANCE

IMITÉE DE L'ANGLOIS.

AIR : *Tu croyois, en aimant Colette.*

ÉCOUTEZ-MOI, faciles Belles :
Apprenez à fuir les trompeurs ;
Ecoutez, Amans infidéles,
La peine dûe aux Suborneurs.

Lucy, des Filles de Vincennes,
Etoit la plus riche en attraits ;
Jamais l'eau pure des fontaines
Ne réfléchit de plus beaux traits.

Hélas ! des peines trop cuisantes,
Hélas ! un amoureux souci,
Vint ternir les roses brillantes
Sur le tein vermeil de Lucy.

Vous avez vu souvent l'orage
Qui courboit les lys d'un jardin :
De ces lys elle étoit l'image,
Et déja penchoit vers sa fin.

Par trois fois on entend la cloche,
Dans le silence de la nuit ;
Par trois fois le Corbeau s'approche,
Frappe aux vitres, crie & s'enfuit.

Ce cri, cette cloche cruelle....
Lucy comprit tout aisément ;
Aux filles en pleurs autour d'elle,
Elle dit ces mots en mourant :

Cheres Compagnes, je vous laisse,
Une voix semble m'appeller,
Une main que je vois sans cesse
Me fait signe de m'en aller.

L'Ingrat, que j'avois cru sincere,
Me fait mourir, si jeune encor ;
Une plus riche a su lui plaire :
Moi qui l'aimois, voilà mon sort !

Ah ! Colin ! Ah ! que vas-tu faire ?
Rends-moi mon bien, rends-moi ta foi.
Et toi que son cœur me préfere,
De ses baisers détourne moi.

Dès

Dès le matin, en Épousée,
A l'Eglise il te conduira ;
Mais Homme faux, Fille abusée,
Songez que Lucy fera là.

Filles, portez-moi vers ma fosse ;
Que l'Ingrat me rencontre alors,
Lui, dans son bel habit de noce ;
Moi, couverte du drap des Morts.

Elle expire, on creuse sa fosse,
Et l'Epoux la rencontre alors ;
Lui, dans son bel habit de noce,
Et Lucy sous le drap des Morts.

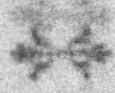

Que devient-il ? Son cœur se serre,
Un froid mortel vient le transir.
Qu'a-t-il vu ? Lucy qu'on enterre,
Et Lucy qu'il a fait mourir.

Il tombe ; chacun se disperse ;
L'Epouse fuit loin de ce deuil ;
Colin, baigné des pleurs qu'il verse,
Reste éperdu sur le cercueil.

Vaine & tardive repentance !
Pleurant ses premieres amours,
Aux suites de son inconstance,
Il ne survécut que deux jours.

Près de son Amante fidelle,
Les Bergers l'ont porté, dit-on ;
Et Colin repose avec elle,
Couvert par le même gazon.

La tombe reçoit mille offrandes.
Deux à deux, les Amans constans
S'en viennent l'orner de guirlandes,
Au retour de chaque Printems.

Vois cette pierre, Amant volage,
Et crains un semblable destin.
Avant que ton cœur se dégage,
Souviens-toi du sort de Colin.

M. LE MIERRE.

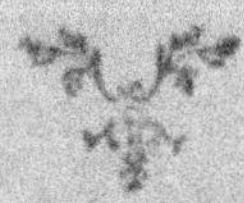

L'AMANT DISCRET.

Air : *Dans ma Cabane obscure.*

J'AIME plus que ma vie
Un objet plein d'appas ;
Est-ce Aminte ou Sylvie ?
Je ne la nomme pas.
Je consens qu'on devine,
A ma façon d'agir,
Quelle est mon Héroïne ;
Ça fait toujours plaisir.

Je ne crains, auprès d'elle,
Ni rivaux, ni jaloux,
Ni les soins, ni le zèle
D'un trop heureux Epoux.
Je vois sans jalousie
Les baisers de Zéphir ;
Elle en est embellie ;
Ça fait toujours plaisir.

D'un aveu téméraire
Elle peut s'offenser ;
Je crains de lui déplaire,
Comme de la blesser.

Jamais, en fa préfence,
Je ne pouffe un foupir
Je l'adore en filence,
Ça fait toujours plaifir.

Le matin, c'eft l'Aurore
Que je crois voir lever ;
Dans un Jardin c'eft Flore
Que je crois y trouver.
Tout, quand elle eft abfente,
Ou m'en fait fouvenir,
Ou me la repréfente ;
Ça fait toujours plaifir.

Qu'une Beauté nouvelle
Se préfente à mes yeux ;
J'en fais le parallele,
Et nulle autre n'eft mieux.
Je crois, quand je fommeille,
Dans mes bras la tenir ;
Et quand je me réveille,
Ça fait toujours plaifir.

M. L'Abbé LATTAIGNANT.

VÉNUS DÉTRONÉE.

A I R *des Gavottes de Rameau.*

L'Enfant qu'adore la Terre,
Le Dieu que l'on nomme Amour,
Le front ardent de colere,
De sa Mere
Trop févere,
Voulut s'affranchir un jour.

Le voilà battant de l'aîle,
Et plein d'un secret ennui,
Cherchant la Vénus nouvelle,
Celle qui regne aujourd'hui,
La Bergere la plus belle
Et la plus femblable à lui.

C'eft Eglé qu'on lui propose ;
Il la voit, & dit foudain :
De mes traits qu'elle difpofe ;
C'eft la Rofe,
Fraîche éclofe
Aux doux rayons du matin.

Difparois , Fille de l'Onde ;
Ne régente plus ma Cour.
Toi , fi ton cœur me feconde ,
Belle Nymphe , dès ce jour ,
Sois Vénus aux yeux du Monde ;
Mais fois Pfyché pour l'Amour.

M. DORAT.

LA SINGULIERE CABALE.

AIR : *De tous les Capucins du Monde.*

ON jouoit un Drame héroïque ,
Dont le Poëme léthargique
Se foutenoit fur de grands airs:
Sifflez-donc , me dit un Critique :
Non , Monfieur , je laiffe les Vers
Cabaler contre la Mufique.

M. AUGUSTE.

LE VÉRITABLE AMANT.

AIR : *Vous qui du Vulgaire stupide.*

Des Bergeres de ce Village,
La plus belle a su m'enchanter ;
Rien n'est si doux que son langage :
Son cœur est plus dur qu'un rocher.
Mon ardeur fidelle & sincere
Ne pourra-t-elle la toucher !
Grands Dieux ! Que n'ai-je l'art de plaire !
J'aurois si bien celui d'aimer.

Délicat, discret & fidele,
Mon cœur est fait pour les Amours ;
S'il pouvoit toucher une Belle,
Je sens qu'il aimeroit toujours :
Envain la Reine de Cythere
Entreprendroit de me charmer.
    Grands Dieux, &c.

Non, les rigueurs d'une inhumaine,
Ni les douceurs d'un sort heureux,
Ne pourroient point briser ma chaîne,
Ni ralentir jamais mes feux :

Une ardeur fidelle & sincere
Doit toujours croître & s'enflâmer.
 Grands Dieux, &c.

Je ne découvrirois les craintes
Dont un rival fait nous glacer,
Que par de délicates plaintes,
Et par mes soins pour l'effacer.
Quand on estime sa Bergere,
Peut-on autrement s'expliquer ?
 Grands Dieux, &c.

Des biens qu'obtiendroit ma constance
Je n'aurois point de vanité,
Et je saurois, dans le silence,
Jouir de ma félicité :
Sous l'ombre d'un secret mystere,
Un Amant doit la renfermer.
Grands Dieux ! que n'ai-je l'art de plaire !
J'aurois si bien celui d'aimer.

LA CEINTURE.

AIR : *Tarare, pon, pon.*

C'EST approchant comm'ça,
Vers Novembre
Ou Décembre,
Que Flore me donna
Un rendez-vous pour ça :
En entrant dans sa chambre,
Flore dit : Ah ! pour ça,
Ah ! l'Abbé, fent on l'ambre
Comm'ça ?

La Dulac est comm'ça,
Réplique
L'Abbé R'lique ;
Mais, fon ambre a cela
De me rendre comm'ça :
Abbé, dit-elle, unique,
L'on ne voit fonica,
Qu'un Eccléfiaftique
Comm'ça.

Je ne fuis pas comm'ça
Si prefte,

Malepefte ?
Mon mari jaloux, m'a
Mife en cage comm'ça.
La Ceinture funefte
Que vous me voyez-là,
Vous interdit un gefte
          Comm'ça.

Je n'ai rien vu comm'ça ;
          Le traître,
     Dit le Prêtre !
Ce chien de mari-là !
Gêner un cœur comm'ça !
Sans que j'en fois le maître,
Cette vue a déjà
   ait que je cesse d'être
          Comm'ça.

Une hiftoire comm'ça,
          Dit la Belle,
     Eft nouvelle ;
Quel tour plaifant c'eft-là !
L'Abbé, j'en ris comm'ça.
L'Abbé riant comme elle,
Fait fes adieux, s'en va,
Laiffant la Demoifelle
          Comm'ça.

M. COLLÉ.

IN-PROMPTU

A MADEMOISELLE B**,

Qui refusoit d'aller à un Bal, parce qu'elle ne
se croyoit pas assez parée.

AIR : *Je sais Lindor, &c.*

Votre beauté sera votre parure ;
Fut-il jamais un plus bel ornement ?
Si quelquefois l'Art nous charme un moment,
C'est quand il peut imiter la Nature.

Voyez, Zélis, la fleur qui vient d'éclore ;
De la Nature elle tient ses couleurs ;
Son sein vermeil est arrosé des pleurs
Que le matin a répandu l'Aurore.

Elle est touchante, elle est simple, elle est belle ;
La main de l'Art ne l'embelliroit pas ;
N'ajoutez rien, Zélis, à vos appas :
Souvenez-vous que vous êtes comme elle.

Suivez, ornez la Cour de Terpsicore ;
Vos pas légers y charmeront l'Amour . . . .
Ah ! si ce Dieu vous séduit à son tour,
Lui seul pourra vous embellir encore.

M. DU CHATEAU DE ROCHEBARON.

A MADAME ***.

A I R : *Que ne suis-je la Fougere ?*

TU disois que l'Amour même
Ne pourroit m'ôter ton cœur ;
Tu trouvois le bien suprême
A me prouver ton ardeur ;
Tu me peignois la tendresse :
Hélas ! c'est moi qui la sens.
Tu jurois d'aimer sans cesse,
Et je tiens tous tes sermens.

*M. le Chevalier de B***

LA PRÉCAUTION.

AIR : *Jupin de grand matin.*

Ce petit air badin,
Ce transport soudain,
Marque un mauvais dessein ;
Tout ce train
Me lasse à la fin ;
De dessus mon sein,
Retirez cette main.
Que fait l'autre à mes pieds ?
Vous essayez
De passer le genou !
Êtes-vous fou ?
Voulez-vous bien finir,
Et vous tenir ;
Il arrivera, Monsieur,
Un malheur.
Mais quoi ? j'ai beau prier !
Je vais crier !
Tout me manque à la fois,
Et force & voix :
En entrant, avez-vous
Tiré du moins sur nous
Les verroux ?

PIRON.

IN-PROMPTU
A MADAME TODI,

Dans un Concert.

AIR : *Lifon dormoit dans un bocage.*

Aux agrémens de la figure,
Joindre le charme de la voix,
C'eft recevoir de la Nature
Deux moyens de plaire à la fois.
Si de te voir ou de t'entendre,
L'Amour me donnoit à choifir,
Pas ne voudrois y confentir :
Le fripon pourroit me furprendre ;
Pas ne voudrois y confentir,
Je craindrois d'y perdre un plaifir.

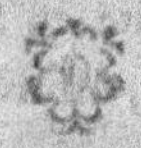

A MADAME DE N**,

Sur ce qu'elle paroissoit fâchée de ne pas avoir
d'Enfans.

AIR *de Joconde.*

QUELLE autre Femme, plus que vous,
    Iris, est fortunée,
Et jouit d'un destin plus doux
    Sous le joug d'Hymenée ?
Ce n'est que des plus belles fleurs
    Qu'il a formé vos chaînes ;
Vous n'en goûtez que les douceurs,
    Vous ignorez ses peines.

Un mari jeune & plein d'amour,
    Vous prouve sa tendresse ;
La nuit de même que le jour,
    Il vous traite en Maîtresse.
Vous êtes libre, assurément,
    Autant qu'on le peut être ;
C'est un Ami, c'est un Amant,
    Et ce n'est point un Maître.

Si vous n'en avez point d'Enfans,
　　Pouvez-vous vous en plaindre ?
Qu'il vous épargne de tourmens,
　　Et de périls à craindre !
Vous n'employez vos plus beaux jours
　　Qu'à charmer & qu'à plaire ;
D'ailleurs, Iris, de mille Amours
　　N'êtes-vous pas la mere ?

Ceux-ci ne coûtent point de pleurs
　　Quand ils viennent à naître ;
On en accouche sans douleurs ;
　　Sans soin on les voit croître ;
Ils ne coûtent rien à nourrir :
　　Une faveur légere
Suffit pour les entretenir,
　　Ou l'on peut s'en défaire.

En moi vous en faites naître un,
　　Sans songer à le faire ;
Mais distinguez-le du commun,
　　Et soyez bonne mere :
Pour vous toujours il gardera
　　Le respect & l'estime,
Et jamais il n'exigera
　　Même sa légitime.

M. L'Abbé DE LATTAIGNANT.

L'HYMEN

L'HYMEN ET L'AMOUR.

AIR : *Dans un Bois solitaire & sombre.*

Un jour l'Amour faisant voyage,
(Ce Dieu fripon est grand coureur)
Il rencontra sur son passage
L'Hymen pleurant de tout son cœur.

Le voir pleurer est ordinaire ;
Cupidon en fut peu touché ;
Ces Dieux, dit-on, ne s'aiment guère :
Hélas ! pour nous, j'en suis fâché.

Mais toutes fois, ils s'approcherent :
Bon jour l'Hymen, bon jour l'Amour ;
Et l'un & l'autre, ils s'embrasserent,
Ainsi que font des Gens de Cour.

Je suis, dit l'Hymen au tein blême,
Bien las de ma Divinité !
J'aime mieux être un Dieu qu'on aime,
Que d'être un Dieu tant respecté.

A ma Chapelle tant vantée ,
Petits & Grands tournent le dos ;
Et ta Fougere est plus fêtée ,
Que tous mes grands Lits nuptiaux.

Que ce jour nous réconcilie !
Prends-moi pour suivant , si tu veux ;
C'est moi qui tiendrai la bougie ;
C'est toi qui serreras les nœuds.

L'Hymen sut tant prêcher & dire ,
Qu'à ses raisons Amour se rend ;
L'Amour est facile à séduire :
C'est en quoi ce Dieu me plaît tant.

Mais comme l'Amour ne voit goute ,
Il fut arrêté sans retour ,
Que le Dieu d'Hymen , dans la route ,
Serviroit de guide à l'Amour.

Les voilà coureurs d'Aventures ,
Et cherchant par monts & par vaux ,
Un couple en qui mere Nature
N'ait voulu mettre nuls défauts.

Même il falloit, qu'à nos deux Freres,
Le Couple plût également ;
Sans quoi, nul marché, point d'affaires :
C'étoit la clause du Serment.

Bien des Pays ils parcoururent,
Sans trouver ce tréfor de prix ;
Las & recrus, ils réfolurent
De retourner à leur logis.

Arrive un Couple, il leur préfente
Vieilles mœurs & jeunes attraits ;
C'étoit Aglaïde & Timante :
Ah ! dit l'Amour, faifons la paix.

M. DE S. PÉRAVI.

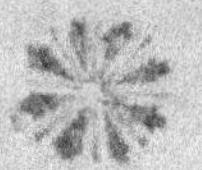

IN-PROMPTU.

AIR : *L'Amour en Capuchon.*

LE Dieu d'Amour, le Dieu des Vers,
S'étoient disputés l'avantage
D'avoir fait le plus bel ouvrage
  Qu'eut admiré l'Univers :
Le blond Phœbus lut un Poëme
Qui célébroit ma jeune Iris :
  L'Amour, pour gagner le prix . . . (*Bis*)
    Fit paroître Iris même.

COUPLETS

Chantés le jour de la S. Martin à Madame
la Comtesse de **, & à sa Fille âgée de
neuf ans.

AIR : *Jusques dans la moindre chose.*

THAÏS, le Printems se passe ;
Il faut nous en consoler ;
Oui , l'Hiver qui le remplace ,
Près de toi peut l'égaler.
Sont-ce les fleurs qu'on regrette ?
Ton visage en est semé ;
Te voir avant ta toilette ,
C'est se croire au mois de Mai.

Des jours où naît le feuillage ,
Un des charmes précieux ,
Est le séduisant ramage
Du Rossignol amoureux :
Dis-nous ta chanson nouvelle ,
Et nous allons convenir
Que le chant de Philomèle
Commence au lieu de finir.

S 5

Du regne charmant de Flore
Dont je trace le tableau,
Près de toi , ta Fille encore
Nous offre un rapport nouveau ;
Je veux vous placer ensemble
Dans ce couplet de Chanson ,
Comme le Printems rassemble
La rose près du bouton.

PEZAI.

CELLE QUI FUT BELLE.

AIR *du Prévôt des Marchands.*

Non , je ne m'en dédirai pas :
Iris possédoit mille appas ;
Mais elle en perd tant chaque année ,
Que si ses appas font son bien ,
La pauvre Fille est condamnée ,
Dans six mois , à n'avoir plus rien.

*M. DE B**

L'ARITHMÉTIQUE.

AIR : *Nous sommes Précepteurs d'amour.*

Lise, par fantaisie, un jour,
Voulut savoir l'Arithmétique :
Rien n'est étranger à l'Amour ;
De savoir tout, l'Amour se pique.

Il lui donna donc des leçons :
Lise, dans peu, fut très-habile ;
C'étoit pour elle des chansons ;
L'Amour fait rendre tout facile.

Voici comment il s'y prenoit :
Il donnoit trois baisers à Lise,
Que Lise aussi-tôt lui rendoit,
En évitant toute méprise.

De ces baisers donnés & pris,
Chacun tenoit compte fidele ;
L'Amour, des calculs réunis,
Offroit le total à la Belle.

S 4

S'applaudissant de ces progrès ,
A son éleve , notre Espiégle
Méditant de nouveaux succès ,
Démontra la seconde regle.

Il y passa légerement ;
L'Amour n'aime point à soustraire :
La troisiéme , plus amplement ,
Fut expliquée à l'Ecoliere.

Il voulut tant multiplier ! . . .
Le calcul devint inutile ;
La Belle trouva plus facile
De lui donner tout sans compter.

M. MARÉCHAL.

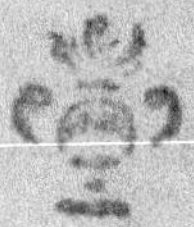

LA VRAIE SAGESSE.

AIR du Vaudeville d'Epicure.

PROFITONS de notre jeunesse,
C'est l'âge heureux de la gaîté ;
Malgré la chagrine vieillesse,
Livrons-nous à la volupté :
Pourquoi, dans le printems de l'âge,
Vouloir contraindre nos deûrs ?
On est toujours assez-tôt sage ;
Il n'est qu'un tems pour les plaisirs.

Ah ! vivre dans l'indifférence,
C'est traîner ses jours dans les fers ;
L'Amour double notre existence,
On naît pour un autre Univers.
Les Sages sont ce que nous sommes ;
Ils sont soumis à deux beaux yeux :
Les cœurs froids ne sont que des Hommes,
En aimant, on s'égale aux Dieux.

» Renonce au cœur de ta Zelmire,
(Diroit le Maître des Mortels,)
» Et l'Univers est ton Empire ;

» Si c'est trop peu, prends mes Autels !
Moi, Dieu cruel ; moi, m'y résoudre !
Ton Sceptre ne peut me charmer :
On s'ennuie à lancer la foudre,
Et jamais du bonheur d'aimer.

Pourquoi condamner cette flamme,
Qu'allume en nos cœurs la Beauté ?
Du plus pur rayon de leur ame
Les Dieux ont fait la Volupté !
Toi que j'aime, toi que j'admire,
Puisque notre ame ne meurt pas,
Je pourrai donc, ô ma Zelmire,
T'aimer au-delà du trépas !

M. MASSON DE MORVILLIERS.

LES DEVISES.

AIR *d'Alexis.*

JE ne trouve rien de charmant
　　Comme les Belles :
Je ne pourrois un seul moment
　　Vivre sans elles.
Mais, sans jamais trop m'engager,
　　Je les courtise ;
Toujours aimer, souvent changer,
　　C'est ma devise.

Belles, quand un perfide Amant
　　Vous sacrifie,
Si vous pleurez son changement,
　　Quelle folie !
Pour moi, loin d'en prendre souci,
　　Je le méprise ;
De même qu'il te fait, fais lui :
　　C'est ma devise.

Ne jugeons jamais d'un Amant
　　Par la figure ;
Un beau dehors est rarement
　　D'un bon augure :

Quelque mérite qui d'abord
       Chez eux reluise ,
Belle montre & peu de rapport ;
       C'est leur devise.

Beau Sexe , contre nous suspends
       Ton vain murmure ;
Si nous trompons , tu nous le rends
       Avec usure.
Ton cœur , plus que nous , aguerri ,
       Bien mieux déguise.
A Trompeur , Trompeur & demi :
       C'est ta devise.

Au tems jadis tous les Epoux
       Étoient séveres ;
De l'honneur ils étoient jaloux ;
       Quelles chimeres !
Ceux de nos jours ont un esprit
       Qui s'humanise.
Moins d'honneur & plus de profit ;
       C'est leur devise.

Avec Bacchus & les Amours ,
       On me voit rire ;
Mais ma raison garde toujours
       Tout son empire.

Chaque plaisir flatte mon goût,
Sans qu'il me nuise ;
Rien par excès, un peu de tout ;
C'est ma devise.

IN-PROMPTU

A une Dame, déguisée en Turc, à un Bal

A I R : *Dans un bois solitaire & sombre.*

SOUS cette barbe qui vous cache,
Beau Turc, vous me rendez jaloux ;
Si vous ôtiez votre mouftache,
Roxane le seroit de vous.

VOLTAIRE.

EN DONNANT UN PORTRAIT.

AIR : *Que ne suis-je la Fougere ?*

Que cette image rappelle
Chaque jour à votre cœur,
Que c'est l'amitié fidelle
Qui vous fit cette faveur !
Et si votre ame attendrie,
Laisse échapper un soupir,
Hélas ! plaignez votre Amie,
Qui ne peut le recueillir.

Madame ***

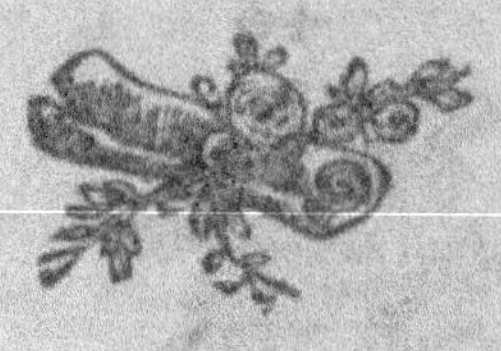

CE QUI REVIENT.

AIR : *Ma raison alloit faire naufrage.*

CHANTONS dans un heureux Vaudeville,
Le retour des vertus qu'on aura ;
Le vieux honneur, à la Cour, à la Ville,
Les sentimens qu'on trouve de vieux style :
        Cela viendra.

Au Barreau reviendra le silence,
La franchise au Barreau renaîtra ;
Des Avocats l'impitoyable éloquence,
L'équité, les Procureurs, l'innocence,
        Cela reviendra.

Tout revient, la pudeur, le courage ;
La gaîté, les mœurs, *& cætera* ;
Je sais même une Demoiselle,
Qui disoit, en perdant son P.....,
        Cela reviendra.

M. COLLÉ.

LE BEAU JOUR.

Qui voit le cercle d'un beau Jour,
Voit tout le cercle de la Vie :
L'Enfance est l'Aube de l'Amour,
D'un éclat plus brillant son Aurore est suivie ;
L'ardent Midi vient à son tour ;
Le Couchant qui le suit n'a jamais de retour.
Quelle leçon pour nous, jeune & belle Sylvie !
Qui voit le cercle d'un beau Jour,
Voit tout le cercle de la Vie.

LE

LE BONHEUR FUGITIF.

CONTRE un engagement,
Je me crus affermie ;
Mais Daphnis est charmant,
Et j'en fis la folie ;
Dès qu'il m'eut attendrie,
L'Ingrat fut inconstant :
Le bonheur de ma vie
N'a duré qu'un instant.

Plaire & sentir l'ardeur
D'un amour véritable,
A tout autre bonheur
Me sembloit préférable :
Raison peu secourable !
Eh ! quoi, tu peux souffrir
Qu'un bien si peu durable,
Fasse tant de plaisir ?

Amans, votre bonheur
N'est enfin qu'un mensonge ;
Mais quelle aimable erreur,
Lorsqu'elle se prolonge !

Tome II.   T

Ah! si tu me replonge,
Amour, dans ce sommeil;
Si je fais un beau songe,
Sauve-moi du réveil.

MONCRIF.

A MADAME F**,

Qui s'étoit habillée en Homme.

AIR : *De tous les Capucins du Monde.*

Lorsque vous paroissez, Clirie,
En habit d'Homme travesti,
Vous avez l'air si séducteur,
Qu'il n'en est point, sur ma parole,
Qui ne vous offrît de bon cœur
Ce qui vous manque pour ce rôle.

M. FLEURI.

LES AMANS HEUREUX.

A I R : *Jusquès dans la moindre chose.*

L I S E étoit dans son aurore ;
Et sur son sein fait au tour,
Déjà s'empressoient d'éclore
Les richesses de l'Amour ;
Sur ses lévres demi-closes,
Erroient déjà les Soupirs,
Comme autour des jeunes Roses,
On voit voler les Zéphirs.

Elle avoit vu le feuillage
Seize fois naître & mourir ;
Silvandre étoit du même âge,
C'est l'âge heureux du plaisir.
Ils s'aimoient d'amour si tendre,
Qu'on doutoit, voyant leurs feux,
Qui de Lise ou de Silvandre,
Étoit le plus amoureux.

Dès que Lise étoit absente,
Tout affligeoit son Amant ;

T e

Loin de lui, sa jeune Amante
Souffroit le même tourment ;
Ils laissoient couler des larmes,
Quand ils se quittoient le soir ;
Et rien n'égaloit les charmes
Qu'ils goûtoient à se revoir.

Si l'un chantoit un air tendre,
L'autre aimoit à le chanter ;
Lise, en écoutant Silvandre,
Sentoit son cœur palpiter :
Silvandre étoit dans l'ivresse
En l'écoutant à son tour,
Et l'interrompoit sans cesse
Par cent baisers pleins d'amour.

Un jour dans un verd Bocage,
Lise, auprès de son Berger,
Se livroit au badinage
Sans soupçonner le danger ;
Quand soudain le Ciel se couvre
Un voile épais noircit l'air,
Et du nuage qui s'ouvre,
Sortent la foudre & l'éclair.

Lise étoit pâle & tremblante
Dans le bras de son Amant ;
Sur eux la foudre brûlante
Tombe, éclate en mugissant ;
Tout deux sont frappés ensemble ;
Un seul coup finit leur sort,
Et leurs cœurs, qu'Amour assemble,
Sont unis, malgré la mort.

M. LÉONARD.

A MADEMOISELLE**,

Dont l'Amant s'étoit noyé, à cause de son
infidélité.

AIR : *Nous sommes Précepteurs d'amour.*

Eglé, je jure à vos genoux
Que s'il faut, pour votre inconstance,
Noyer ou votre Amant ou vous,
Je vous donne la préférence.

VOLTAIRE.

T 3

A UNE FEMME MORALISTE.

AIR : *Du Vaudeville d'Epicure.*

TA Morale est pleine de charmes ;
Elle touche & séduit les cœurs ;
A la raison, je rends les armes ;
Ta main la couronne de fleurs.
Mais, jeune Elmire, ta tendresse,
Dans tes yeux, se peint à son tour ;
Ah ! quand tu parles de sagesse,
Devroient-ils inspirer l'amour ?

M. DORAT.

LE PRIX DU MOMENT.

AIR : *Tout est dit.*

TANT qu'un jeune Galant desire,
A la Beauté qui le ravit
Il a mille chofes à dire,
Son difcours jamais ne finit ;
Mais, dès qu'il a figné certaine claufe,
Des jolis mots la fource fe tarit ;
    Sa bouche eft clofe,
      Tout eft dit.

Quand votre Fille devient grande,
Mere, ne la quittez jamais :
C'eft un foin que je recommande
Contre mes propres intérêts.
Craignez qu'Amour près d'elle ne s'arrête ;
Jamais ce Dieu n'eft long dans fon récit :
    Tournez la tête,
      Tout eft dit.

Filles qui craignez le dommage
Que les Amans peuvent caufer,
Réfiftez au premier langage

T 4

Dont ils veulent vous amufer.
Si vous tardez, votre péril redouble;
De fon flambeau l'Amour vous éblouit ;
Quand l'œil eft trouble ,
Tout eft dit.

M. PANARD.

LE POETE GALANT.

AIR : du Prévôt des Marchands.

TU veux que dans une Chanfon ,
Je crayonne tes traits , Lifon;
Si je peignois d'après nature ,
Tu frémirois de ton portrait ;
Si j'embelliffois ta figure ,
Qui diable te reconnoîtrait ?

L'AMANT MÉLANCOLIQUE.

AIR des *Folies d'Espagne*.

EST-CE pour moi que tu verses des larmes,
Sensible Aurore ? Et vous , légers Zéphirs ,
Quand Mélanie insulte à mes allarmes ,
Est-ce mon sort qui cause vos soupirs ?

Quels sons plaintifs ! J'entends dans la campagne
Gémir au loin le Ramier amoureux ;
Il a perdu sa fidelle compagne :
Tous les Amans sont-ils donc malheureux ?

Sur mille objets , ma tendresse est tracée ;
C'est son pinceau qui colora ces fleurs ;
La Violette & la sombre Pensée ,
Dans nos jardins , expriment mes douleurs.

Aimables fleurs , si ma jeune Maîtresse ,
A son côté , vous plaçoit quelque jour ,
Dans vos couleurs , peignez-lui ma tristesse ;
Dans vos parfums , exhalez mon amour.

M. E***

PORTRAIT DE L'AMOUR.

AIR : *C'est un Enfant.*

L'AMOUR est un traître, un parjure,
Le tyran de tous les cœurs.
De pleurs il fait sa nourriture,
Et se rit de nos douleurs.
Par quelqu'imposture,
Toujours il surprend,
Et sous la figure
D'un Enfant,
C'est un Serpent,   (Bis.)

M. FAVART.

SUR LES DISPUTES MUSICALES.

AIR *des Trembleurs.*

A voir Messieurs les Glukistes,
Avec Messieurs les Ramistes,
Et Messieurs les Piccinistes,
Perpétuer leurs débats,
Je crois voir les Jansénistes
Querellant les Molinistes,
Et cherchant noise aux Thomistes,
En se disputant le pas.

Les premiers, dont la manie
Dégénere en calomnie,
Trouvent Rameau sans génie,
Et soutiennent au procès,
Que l'Auteur d'Iphigénie
Malgré les cris de l'Envie,
Apporte enfin l'harmonie,
Aux imbéciles Français.

Les seconds que cela choque,
Disent que Gluck est baroque;
Qu'en France, avant son époque,

Le vrai beau se décida ;
Et qu'il n'est point équivoque,
Que Rameau dont on se moque,
Le tira seul de la coque,
Avec les Fils de Léda (*).

Les troisiémes qui font clique
Pour Piccini le Comique,
Par maint bravo fanatique,
Voudroient le proclamer Roi ;
Et démontrer sans réplique,
Que Rome est le centre unique
De l'excellente Musique,
Aussi-bien que de la Foi.

Oui, par malheur, voilà comme
De ce Trio qu'on renomme,
On veut nous prouver qu'en somme,
Un seul membre a de bons droits.
Ventrebleu ! cela m'assomme ;
Partageons plutôt la pomme :
Pourquoi ne voir qu'un grand Homme
Où nous pouvons en voir trois ?

M. Auguste.

(*) Castor & Pollux, Opéra.

A MADEMOISELLE A**.

AIR du Vaudeville de la Rosiere.

Qui parle d'un souris malin,
De petits pieds, de taille fine,
D'un air doux, quoique un peu mutin,
Celui-ci parle d'Adeline.
En Scène, en Ville, ah! qu'elle est bien!
Il faut l'aimer, ou n'aimer rien.

Qui vient auprès de ses appas,
Doit en regardant Adeline,
Deviner ce qu'il ne voit pas,
Et desirer ce qu'il devine.
Chacun s'écrie : Ah ! qu'elle est bien !
Il faut l'aimer ou n'aimer rien.

J'ignore encor si, tendre ou non,
Elle sent bien ce qu'elle inspire ;
Je lui connois un œil fripon :
Quant au cœur, je ne sais qu'en dire ;
Mais, tendre ou non, je sais fort bien
Qu'il faut l'aimer ou n'aimer rien.

C'est un grand bien que de la voir
Sentir l'amour, même le feindre;
Heureux l'Amant qui peut avoir
A s'en louer, même à s'en plaindre!
Qu'elle vous traite ou mal ou bien,
Il faut l'aimer ou n'aimer rien.

Lui plaire est un si beau destin,
Qu'on se tiendroit heureux près d'elle,
De la trouver tendre un matin,
Dût-elle au soir être infidelle!
Qu'il m'en arrive ou mal ou bien,
Je veux l'aimer ou n'aimer rien.

M. IMBERT.

LES DEUX MÉTAMORPHOSES.

AIR *des Triolets.*

QUAND l'amitié devient amour,
Adieu le repos de la vie ;
On est tourmenté nuit & jour,
Quand l'amitié devient amour.
Craignons quelque fâcheux retour,
Fuyons la douce sympathie ;
Quand l'amitié devient amour,
Adieu le repos de la vie.

Quand l'amour devient amitié,
Adieu le charme de la vie.
Quelle tiédeur ! quelle pitié !
Quand l'amour devient amitié.
En vain l'estime est de moitié ;
Au sein de la gloire on s'ennuie ;
Quand l'amour devient amitié,
Adieu le charme de la vie.

M. DE LA LOUPTIERE.

L'ERREUR PRÉFÉRABLE.

AIR *Du Prévôt des Marchands.*

Chacun a son foible ici bas,
L'un au vin trouve mille appas,
L'un est joueur, l'autre est avare,
Un autre est esclave à la Cour :
Mais puisqu'il faut que l'on s'égare,
Égarons-nous avec l'amour.

LA COQUETTE CORRIGÉE.

AIR : *Nous sommes Précepteurs d'amour.*

Lise, dit-on, jusqu'à trente ans,
En amour fut un peu friponne ;
Comme l'on change avec le tems !
Lise ne trompe plus personne.

M. DE CHATEAUGIRON.

FAUTEVILLE

FAUTEVILLE ANGLOIS,

A l'entroit d'un Monfié libertin Milord, qui l'eft étonnant pour pratiquer la regle de la multiplication.

AIR : *Vous vous coëffez, rapapillotez.*

IL eft un Anglois à Paris,
Qui moi met en colere ;
Il fait un monopole d'Iris :
Que riable en veut-il faire ?
En parlant : » *Il a toujours de fondation trois ou*
» *quatre menaches en ville ! eh ! mais que fait-il de*
» *tout cela ?*

Que fait-il de Madame Hugo,
Et de Marotte & de Gogo ?
Concevez-vous fon vertigo ?
Mais il eft fou, j'efpere.

J'entreprends, me dit-il, un foir,
Et la Tante & la Mere :
Toutes deux je veux les afoir ;
Les deux feront la paire.

Tome II.   V

En parlant : » *Et il les eut toutes deux sonica , quoi*
» *que vieilles ; & toujours pas moins,*
Que fait-il , &c.

A l'Opéra , les Directeurs
Ein chœur le virent faire.
Il prit tout ein côté des chœurs,
Et sut le satisfaire.
En parlant : » *Et c'étoit point ein bésogne aisée , il*
» *falloit toujours recommencer ; Et pas moins,*
Que fait-il de Madame Hogo,
Et de Marotte , & de Gogo ?
Concevez-vous son vertigo ?
Mais il est fou , j'espere.

M. COLLÉ.

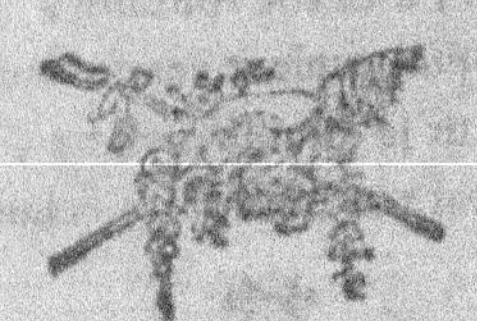

A SOPHIE,

En se promenant sans elle.

Air *des Folies d'Espagne.*

Toi que l'Amour a fixé sur ces rives,
Pour le bonheur du plus fidele Amant,
Dis-moi pourquoi les heures fugitives,
Loin de tes yeux, coulent si lentement.

Si je ne puis te parler & t'entendre,
Rempli du moins de ton doux souvenir,
Au sein des bois, mon Luth fidele & tendre,
De tes beautés saura m'entretenir.

A ces vallons, à ce roc solitaire,
Aux Déités qui peuplent ces côteaux,
De mon amour je dirai le mystere,
Et j'apprendrai ton nom à ces échos.

Mais viens plutôt, ah ! viens dans ces lieux sombres,
Payer mon cœur du plus juste retour :
Ce doux Zéphir, ce silence, ces ombres,
Ces verds gazons, tout parle ici d'amour.

M. C***

V 2

A M. LE VICOMTE DE V**,

Qui partoit pour son Régiment.

AIR *de Joconde.*

ADIEU, beau Chevalier François ;
   Quand vous quittez nos femmes,
Faites payer cher aux Anglois
   Les douleurs de ces Dames.
Mars & l'Amour arment vos mains ;
   Il faut finir vos preuves :
Allez faire autant d'Orphelins,
   Que vous laissez de Veuves.

M. GROUVELLE.

A MADAME***.

Qui défioit l'Auteur de faire des Vers sur
son âge.

AIR *du Vaudeville de la Bataille d'Yvri :*
Vive Henri ! Vive Henri !

UN Couplet fut toujours facile,
Lorsqu'il s'agit de vous chanter.
La Muse la plus indocile,
Aux Grâces ne peut résister.
    Sans art & sans étude,
On est Poëte à vos genoux.
Des in-promptus on sent que l'habitude
Est naturelle auprès de vous.

De la commune Poésie
Je n'emprunterai point les traits.
Hébé, Flore, Aurore, Aspasie,
Ne sont plus que de vieux portraits.
    Sous votre doux Empire,
Tous les Amours sont retenus ;
On le sent bien : mais ne peut-on le dire,
Sans vous comparer à Vénus ?

V 3

Ne vous comparons à personne ;
Ne comparons personne à vous.
Ne parlons point de votre Automne,
Dont le printems seroit jaloux.
De vos jeunes conquêtes,
Laissons le brillant souvenir.
Des jours présens faisons des jours de fêtes,
Et cherchons-en dans l'avenir.

Ninon prolongea l'art de plaire
Jusques à ses derniers momens.
Vous courrez la même carriere
Avec les mêmes agrémens.
D'un si beau parallele,
Pour preuve il faut des faits constans :
Promettez-donc à ma flamme immortelle
Un rendez-vous dans cinquante ans.

Envain j'ai voulu m'en défendre ;
J'ai fait une comparaison.
Mais celle au moins que j'ai su prendre,
Est d'accord avec la raison.
Que s'il faut trop attendre
Pour la remplir exactement,
Dites-un mot : trop heureux de l'entendre,
Je hâterai le dénouement.

M. FRANÇOIS DE NEUFCHATEAU.

L'UNION NÉCESSAIRE.

AIR *du Vaudeville de la Rosiere.*

DES Dieux qui régnent dans Mouceaux,
Tour-à-tour chantons les louanges.
Parons des roses de Paphos
La Coupe du Dieu des Vendanges ;
Qu'est-ce qu'Amour sans ce doux jus ?
Sans l'Amour, qu'est-ce que Bacchus ?

Pour qui boit & n'aima jamais ,
Ce Dieu charmant n'est plus le même ;
Mais il reprend tous ses attraits
Pour qui boit à l'objet qu'il aime.
Sans l'Amour, qu'est-ce que Bacchus ?
Qu'est-ce qu'Amour sans ce doux jus ?

Le Dieu d'amour n'a plus de feux ,
Si le Dieu du Vin ne s'éveille.
De tout tems le Myrte amoureux
Fleurit à l'ombre de la Treille.
Qu'est-ce qu'Amour sans ce doux jus ?
Sans l'Amour , qu'est-ce que Bacchus ?

V 4

Jeunes Beautés, laissez toujours
Bacchus se jouer sur vos traces.
Ce Dieu ranime les Amours;
Ce Dieu fait embellir les Grâces.
Qu'est-ce qu'Amour sans ce doux jus?
Sans l'Amour, qu'est-ce que Bacchus?

Fêtez Bacchus, Amans heureux,
Il doublera votre tendresse.
Amans trahis, buvez comme eux,
Il charmera votre tristesse,
Qu'est-ce qu'Amour sans ce doux jus?
Sans l'Amour, qu'est-ce que Bacchus?

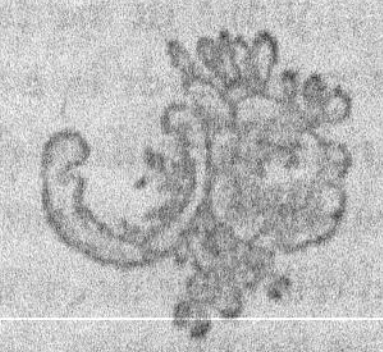

LES ADIEUX.

AIR : *Un jour Guillot trouva Lisette , &c.*

ENFIN, je renonce aux délices
Que tu promettois à mon cœur ;
Je suis trop las de tes caprices ;
Je vais fuir ton regard vainqueur.
Adieu , perfide Eléonore ,
Je saurai faire un autre choix :
Dans ces lieux tu me vois encore ,
Mais c'est pour la derniere fois.

Adieu.... Mais , quoi ! tu me rappelles !
Sans rougir tu me prends le bras.....!
Pourquoi nos mains s'unissent-elles ,
Quand nos cœurs ne s'entendent pas ?
Ah ! ce coup-d'œil vient de m'instruire ,
Tu veux aller au petit bois :
Eh bien ! soit ! je vais t'y conduire ;
Mais c'est pour la derniere fois.

Que ta main est douce & bien faite !
Que tes bras sont éblouïssans !

Qu'à travers cette collerette,
J'apperçois d'attraits ravissans !
J'aurois fait mon bonheur suprême
De vivre toujours sous tes loix....
Tu vois encor combien je t'aime ;
Mais c'est pour la derniere fois.

Grands Dieux ! Que ton souris est tendre !
Comme il appelle le baiser.... !
Envain je voulois me défendre,
Je sens mon courroux s'appaiser.
Qui sourit avec tant de grace
Séduiroit les cœurs les plus froids ....
Viens, friponne, que je t'embrasse ;
Mais c'est pour la derniere fois.

Ainsi je croyois fuir la Belle,
Quand elle me dit tendrement :
» Je ne feignis d'être infidelle
» Que pour éprouver mon Amant.
» Pardonne-moi d'avoir pu craindre ;
» Rends à mon cœur ses anciens droits ;
» Le tien a sujet de se plaindre ;
» Mais c'est pour la derniere fois.

M. BONNIER DE LAYENS.

L'AMANT GÉNÉREUX.

AIR : *Que ne suis-je la fougere ?*

Dès que la riante Aurore
S'ouvroit les portes du Jour,
Le perfide Mélidore
Venoit me parler d'amour ;
Quand le Soleil, sur nos plaines,
Promenoit son Char brûlant,
Assis au bord des fontaines,
Il me peignoit son tourment.

Si la Nuit, couvrant la Terre,
Nous surprenoit en ces lieux,
Le trompeur, sa Bergere,
Parloit encor de ses feux.
Je n'entends plus sa Musette ;
Une autre a reçu sa foi ;
Il ne vit que pour Lisette :
Il devoit mourir pour moi.

Bois, Rochers, Flots & Rivage,
Seuls témoins de mon ardeur,

Vous sçavez si le volage
Avoit pu fixer mon cœur :
Dans le soin qui me décore
Servez mes transports jaloux ;
Attestez.... Non, j'aime encore ;
Bois & Rochers, taisez-vous.

M. AUDE.

LE NŒUD D'EPÉE.

AIR : C'est le Moulin d'une Coquette.

C'EST une faveur d'une Belle,
Qu'elle me permet d'afficher :
Que ne puis-je en obtenir d'elle,
Qu'elle m'ordonne de cacher !

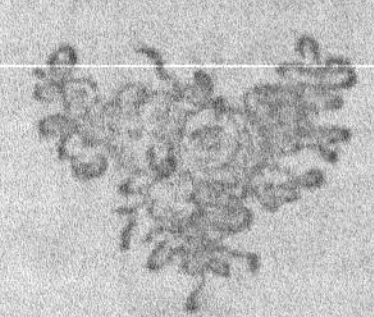

APOLOGIE D'UN VIEUX DANSEUR.

AIR *de Joconde.*

Après deux fois seize printems,
  Peut-on danser encore ?
Tenez, Bon-homme, il n'est plus tems
  De suivre Terpsicore.
Je conviens qu'il est un peu tard,
  Pour cette fantaisie ;
Mais j'ai rencontré, par hasard,
  Un regard d'Emilie.

Ainsi, l'astre brillant des Cieux
  Ranime la Nature ;
Et même aux arbres, déja vieux,
  Redonne la verdure.
Ainsi, triomphant des hivers,
  Il réchauffe le Monde :
Peut-on trouver dans l'Univers
  De glaces qu'il ne fonde ?

Si quelque Censeur désormais
  Condamnoit ma folie,

Pour l'appaiser je lui dirois :
   Regardez Emilie.
Vous-même, auriez-vous moins d'ardeur
   A voler sur ses traces ?
Ne voyez donc dans mon erreur
   Que le pouvoir des Grâces.

❧

Titon ne revint qu'un moment,
   A la voix de l'Aurore ;
Je ressuscite entiérement,
   Et cent fois mieux encore.
Si l'emploi d'un si beau présent
   M'étoit aussi facile,
Jamais mon rajeunissement
   Ne seroit inutile.
M. le Comte DE FONTETTE SOMMERI.

❧

L'ABSENCE DE THÉMIRE.

AIR : *Vous qui toujours suivez mes traces.*

THÉMIRE fuit : un vaste espace
Déja la dérobe à mes yeux ;
Elle fuit : ô triste disgrace!
Ici j'ai reçu ses adieux.

Viens-tu d'auprès d'elle , ô Zéphir ?
Oui , sans doute , elle t'attiroit....
Viens , approche , & que je respire
Le souffle qu'elle respiroit.

Ruisseau , sur les pas de Thémire
Coulez à flots précipités ;
Et dites-lui que tout soupire
Dans les Vallons qu'elle a quittés.

Dites-lui que , de la prairie ,
Son absence a séché les fleurs ;
Que des bois la feuille est flétrie ;
Que je languis , que je me meurs.

Quelle heureux vallon ma Bergere
Orne-t-elle de ses appas ?
Foulé par sa danse légere,
Quel gazon fleurit sous ses pas ?

Quel est le fortuné bocage
Que ses accens font retentir ?
De lui retracer son image ,
Quelle fontaine a le plaisir ?

M. MARMONTEL.

LA

LA FAMILIARITÉ DE L'AMOUR.

(Une Dame qui n'a pu accoutumer son Mari à la
tutoyer, fit dernièrement avec lui un voyage
à Ermenonville. Elle demanda au Concierge si
J. J. Rousseau tutoyoit sa Femme : sur l'af-
firmative, elle fit les Couplets suivans.

A I R : *Chantez, dansez, amusez-vous.*

DE Jean Jacques prenons le ton,
Et ne parlons que son langage,
Que *vous* ne soit plus de saison,
D'un couple heureux soyons l'image ;
   Vous, effarouche les Amours,
   Et *toi* les ramène toujours.

Tu tiens à *vous*, peut être à *moi*,
Moi, j'aime *toi*, c'est ma folie ;
Et tel est mon amour pour *toi*,
Que pour *toi* seul j'aime la vie.
   Vous, effarouche, &c.

Ce vilain *vous* peint la froideur,
Ce joli *toi* peint la tendresse ;

Tome II.   X

Vous souvent afflige le cœur,
Toi bien placé comble d'ivresse.
Vous, effarouche, &c.

Plus donc de vous, mais ferons *toi*,
Toi fixe à jamais mon hommage ;
Quelqu'un dira : mais c'est la loi :
Je fuis mon cœur & non l'ufage.
Vous, effarouche les Amours,
Et *toi* les ramène toujours.

LE LENDEMAIN.

AIR : *Tu croyois, en aimant Colette.*

Dieux ! j'avois crû Licas fenfible,
Je craignois pour lui le malheur,
Et je le vois, fon cœur paifible,
Ne fent pas même le bonheur.

*Madame **

LE BAISER.

AIR des *Folles d'Espagne*.

UN doux baiser, Zelmire, ma chere ame !
L'âge s'enfuit, profitons des instans ;
C'est le seul bien que ton Amant réclame ;
Ce doux baiser lui rendra son printems.

Un autre encor, mais plus doux, ma chere ame !
Ta bouche à peine à la mienne a touché.
Un autre encor, & mets y plus de flamme :
Car le premier, tu ne l'as qu'ébauché.

Cruelle, arrête ! il m'irrite, il m'enflamme ;
Las ! valoit mieux, bien mieux me refuser :
Ce n'est point là des baisers, ma chere ame ;
Ah ! c'est plutôt le desir d'un baiser.

M. MASSON DE MORVILLIERS.

X 2

L'AMOUR ET L'AMITIÉ.

AIR: *Vive le Vin, vive l'Amour.*

Vive l'Amour ! vive sa Sœur !
Tous deux rassemblés dans mon cœur,
Ils font le destin de ma vie.
De tous deux mon ame ravie
Tient ses plaisirs & ses douleurs :
Lorsque l'Amour me fait verser des pleurs,
C'est l'Amitié qui les essuie.

M. GINGUENÉ.

LE BERGER ESPAGNOL,

ROMANCE.

AIR : *Charmante Gabrielle.*

DÉJA la lune éclaire
La plaine & le côteau ;
De la jeune Glycère
C'est ici le Hameau.
Ma fidelle guittare,
  Voici l'instant,
L'instant qu'Amour prépare,
  Qu'Amour attend.

Et toi, Dieu du mystere,
O toi qui m'as conduit
Vers ce lieu solitaire,
Dans l'ombre de la nuit,
Eveille ma Glycère
  Bien doucement,
Et dis à la Bergere :
  » C'est ton Amant !

Xj

Oui, c'est lui qui t'appelle
Pour la derniere fois ;
A ton Berger fidele,
Daigne annoncer tes loix.
Si mon amour l'offense,
   Je le tairai,
De mes maux, en silence,
   Je gémirai.

Mais dans ces lieux champêtres,
Tout est plein de mes feux ;
Je revois sur ces hêtres
Nos chiffres amoureux.
Voici la grotte obscure
   Où les Zéphirs
Confondoient leur murmure
   A nos soupirs.

Comment est-il possible
Que son cœur m'ait trahi ?
Elle étoit si sensible
Aux maux de son ami !
Mais envain je me flatte
   D'un doux retour :
Tout a changé ; l'Ingrate
   N'a plus d'amour.

Adieu, boccages sombres !
Adieu, valons heureux,
Qui cachez sous vos ombres
Les Bergers amoureux !
Adieu, fleur printaniere
Qu'ils vont cueillir !
Je n'ai plus de Glycère
A qui t'offrir.

Adieu, Nymphe touchante,
Echo qui, dans ces bois,
Quand j'appelle une Amante,
Réponds seule à ma voix !
Adieu, tendre Colombe !
C'est trop gémir :
Tous mes maux, dans la tombe,
Vont s'endormir.

Et toi qu'envain j'implore,
Toi qui, depuis deux ans,
De l'Amant qui t'adore,
Cause tous les tourmens ;
Toi qui m'es toujours chere,
Dans ces adieux,
Reçois aussi, Glycère,
Mes derniers vœux.

X 4

SUR UNE FEMME

QUI PARLOIT SANS LANGUE.

AIR : *Je le crois bien , &c.*

Qu'une Femme parle sans langue ,
Et fasse même une harangue ,
    Je le crois bien :
Qu'ayant une langue , au contraire ,
Une Femme puisse se taire ,
    Je n'en crois rien.

A MADAME ROSSIGNOL.

AIR : *Nous sommes Précepteurs d'Amour.*

Je vous comparois autrefois
Au Rossignol , à Philomèle ;
Je vous entends , je vous revois :
C'est encore lui , c'est encore elle.

M. l'Abbé LATTAIGNANT.

LES *TU* ET LES *VOUS*,

A Madame de** et a M. l'Abbé de**

AIR *de Joconde*.

Entre vous, je vois en honneur,
  Des traits de ressemblance.
Tes regards font fait le malheur,
  Vos yeux l'indifférence.
Tu gagnes les cœurs à jamais,
  Et vous tournez les têtes.
Chaque moment voit tes bienfaits,
  Chaque jour vos conquêtes.

Mais, l'Abbé, je t'aime encor mieux,
  Soit dit sans vous déplaire.
Sans cesse tu fais des heureux,
  Et vous n'en faites guère,
Ta bienfaisance, & vos appas,
  Auront un sort contraire :
Tu pourrois trouver des ingrats ;
  Mais vous n'en sauriez faire.

M. ROYOU.

ÉLOGE FUNEBRE

D'UN SEIGNEUR DE VILLAGE.

AIR : *Monsieur de la Palisse est mort.*

EN bons Chrétiens pleurons la mort
De Monsieur de la Rappiniere,
Qui n'a jamais fait aucun tort....
A quiconque il n'en a pu faire.

A tous il offroit son appui,
Par une rare bienveillance :
Et l'on pouvoit compter sur lui....
Quand on vivoit dans l'abondance.

Des requêtes qu'on lui portoit,
Il ne se lassa de la vie ;
Il lisoit tout , tout écoutoit....
Quand c'étoit son apologie.

Devant lui parler de procès,
C'étoit lui causer une angoisse ;
Monseigneur ne plaida jamais.....
Que contre toute sa Paroisse.

Quoiqu'il se fût bien signalé,
Sa modestie étoit extrême.
A la guerre il avoit brillé ...
Car il en convenoit lui-même.

A la Cour , lorsqu'il se trouvoit,
Sur ses pas voloit mainte Belle ;
La Reine même le suivoit . . . .
Quand il cheminoit devant elle.

De la grandeur ô triste sort !
Une fièvre éclipse la sienne.
Les Médecins le voyant mort....
Ne pensent pas qu'il en revienne.

Quel dommage , disent tout haut
Ses Vassaux , que ce coup désole....
Qu'il ne soit mort dix ans plutôt !
Pourtant faut-il qu'on se console.

M. GIRARD-RAIGNÉ.

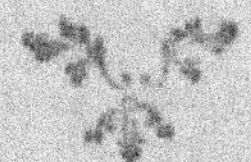

LA FEMME ET LE PHILOSOPHE,

DIALOGUE.

AIR: *L'avez-vous vu, mon Bien-aimé.*

LE PHILOSOPHE.

Pour la raison, c'est un poison
Que d'avoir l'ame tendre.

LA FEMME.

De ce poison, n'a pas raison,
Qui cherche à se défendre.

LE PHILOSOPHE.

Douce raison, triste poison !

LA FEMME.

Charmant poison, triste raison !

LE PHILOSOPHE.

Point de poison, à la raison
Il faut bien qu'on se rende.

LA FEMME.

Point de raison, c'est du poison,
Monsieur, qu'on vous demande.

M. le Chevalier DE BOUFFLERS.

LE SERIN.

AIR : *Des simples Jeux de ton Enfance.*

Du Serin qui te fait envie,
Eglé, je te fais le préfent ;
C'étoit l'attribut de Lesbie,
Le meffager de fon Amant.
Sans bleffer la délicateffe,
Songe qu'un tel cadeau fouvent
Expofe un cœur à la tendreffe,
Et prépare un engagement.

Oifeau qui favez fi bien plaire,
Que votre fort me femble doux !
Vous ne quitterez ma Bergere,
Que de fon fein à fes genoux ;
Quelquefois d'un air de conquête,
Echappant à fes jolis bras,
Vous irez chanter fur fa tête,
Et vos plaifirs & fes appas.

La nuit, une enceinte importune
Doit vous mettre en captivité ;
Près d'Eglé, c'eft la loi commune,
Il faut perdre la liberté.

Mais quel fera vôtre avantage ,
Aux premiers rayons du foleil !
Vous fortirez de l'efclavage ,
Pour la baifer à fon réveil.

Que cet Oifeau te foit le gage
D'un cœur qui toujours t'aimera !
Si fon naturel eft volage ,
Tant de beauté le fixera ;
On perd tous fes goûts infidèles ,
Eglé , quand on connoît ta loi ,
Et tout ce qui porte des ailes
Vient les oublier près de toi.

ELVIRE.

AIR du *Vaudeville du Maréchal.*

LA jeune Elvire à quatorze ans,
Livrée à des goûts innocents,
Voit sans en deviner l'usage,
Eclore ses appas naissants :
Mais l'Amour effleurant ses sens,
Lui dérobe un premier hommage :
  Un soupir
  Vient d'ouvrir,
  Au plaisir,
  Le passage ;
 Un songe a percé le nuage.

Lindor, épris de sa beauté ,
Se déclare , il est écouté ;
D'un songe , d'une vaine image ,
Lindor est la réalité.
Le sein d'Elvire est agité ,
Le trouble a couvert son visage :
  Quel moment !
  Si l'Amant,
  Plus ardent,
  A cet âge ,
 Pouvoit hasarder davantage !

Mais, quel trouble vient la saisir !
Cet objet d'un premier desir,
Qu'avec rougeur elle envisage,
Est l'Epoux qu'on doit lui choisir.
On les unit, Dieux ! quel plaisir !
Elvire en fournit plus d'un gage,
  Les ardeurs,
  Les langueurs,
  Les fureurs,
  Tout présage
Qu'on veut un Epoux sans partage.

Dans le monde, un essaim flatteur
Vivement agite son cœur,
Lindor est devenu volage,
Il a méconnu son bonheur :
Elvire a fait choix d'un Vengeur,
Il la prévient, il l'encourage ;
  Vengez-vous ;
  Il est doux,
  Quand l'Epoux
  Se dégage,
Qu'un Amant répare l'outrage.

Voilà l'outrage réparé,
Son cœur n'est que plus altéré ;

Des

Des plaisirs le fréquent usage,
Rend son desir immoderé ;
Son regard fixe & déclaré,
A tout Amant tient ce langage :
        Dès ce soir,
        Si l'espoir
        De m'avoir
        Vous engage,
Venez, je reçois votre hommage.

Elle épuise tous les excès ;
Mais au milieu de ces succès,
L'Epoux meurt, &, pour héritage,
Laisse des dettes, des procès ;
Un vieux Traitant demande accès,
L'or accompagne son message, . . .
        Ce coup-d'œil,
        Est l'écueil
        Où l'orgueil
        Fait naufrage,
Un écrain consomme l'ouvrage.

Dans ce fatal abus du tems,
Elle a consumé son printems :
La Coquette d'un certain âge
N'a plus d'Amis, n'a plus d'Amans ;

Tome II.   Y

Envain de quelques Jeunes-Gens
Elle ébauche l'apprentissage ;
    Tout est dit ,
    L'Amour fuit ,
    On en rit ,
    Quel dommage ! . . . .
Livite , il falloit être sage.

M. DE BEAUMARCHAIS.

TABLE
ALPHABÉTIQUE
DES
CHANSONS
DU TOME II.

A

Y 2

D

E

I

J

L

M

N

O

P

DANS un amoureux mystere,
Un Fiacre est d'un grand secours ;
  Du voyage de Cythère
  Il précipite le cours :
    Chaque secousse
Fait avancer les Amours,
Sans qu'on les pousse.

Près d'un Bal, un Fiacre habile
S'alla placer à propos.
  L'Amour trouvant cet asyle
  Propre à cacher ses travaux,
    Ouvrit sa bourse,
  Et lui paya son repos
  Plus que sa course.

Dans ma jeunesse ,
On voyoit des Auteurs ,
Fertiles producteurs ,
Enchanter les Lecteurs ,
Charmer les Spectateurs
Par leur délicatesse.
Aujourd'hui ce n'est plus cela :
Les vers assoupissent ,
Les scènes languissent ,
Les Muses gémissent ,
Succombent , périssent ;
   Pégase va
   Cahin , caha.
   Pégase va
   Cahin , caha.

Quand on est sans passions ,
On vit sans tentations :
Mais moi qui ne suis pas dupe ,
A succomber je m'occupe ;
   Je ris , je boi ;
Les plaisirs sont faits pour moi.

Dam : c'est bras deffous , bras deffus :
    L'amour n'eft qu'un badinage.
Mais palfangué ! j'en fais l'aveu,
Quand j'nous bû que de l'iau claire ,
Lifette a biau dire & biau faire :
    L'amour n'eft pas un jeu.

Iris , avec un feul pompon ,
Embellit fon jeune vifage ;
La toilette , pour ce tendron ,
    N'eft qu'un fimple badinage.
Mais pour Aminte , qui dans peu
Aura fa trentaine complette ,
Je réponds bien que la toilette
    Ne fera pas un jeu.

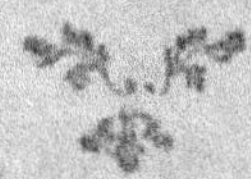

Dans nos Hameaux, la paix & l'innocence,
Des cœurs constans remplissent les desirs,
Et l'enjoument, soumis à la décence,
Sans en rougir, anime nos plaisirs.
L'heureux Amant, toujours tendre & fidele,
Dans ses discours peint sa sincérité ;
Et lorsqu'il jure une flâmme éternelle,
Sans se masquer, il dit la vérité.

Si quelquefois, au bord d'une onde pure,
La jeune Iris contemple ses appas,
Elle ne veut composer sa parure
Qu'avec les fleurs qui naissent sous ses pas.
Ainsi fuyant une grace étrangere,
Elle tient tout de sa simple beauté ;
Et le seul art qui plait à la Bergere,
Est l'art d'aimer avec fidélité.

Quand la Nature ici se renouvelle,
L'Amour paroît ranimer ses ardeurs ;
Mais nous brûlons d'une flâmme si belle,
Que la saison ne peut rien sur nos cœurs.

Je trouvai plaisant ce tour-là,
Pass'pour ça. Ah ! pass'pour ça.
Mais à mes pieds il se jetta,
  Et fit des demandes,

Il me dit,
Qu'il chérit
L'efclavage.
Mon prifonnier me fait peur ;
C'eft l'Amour, ce trompeur,
Qui dit en fon langage :
Oui, Lifon,
Qu'en prifon
L'on me tienne ;
Je ne veux ma liberté,
Qu'après t'avoir ôté
La tienne.

Je prends un trait, j'admire fa figure ;
Il étoit d'or, il paroiffoit charmant ;
Ah ! tout à-coup, je fens une bleffure :
Je fais un cri, j'entends rire à l'inftant.

Une Veuve qui comblera
D'un Amant la tendreſſe,
Et qui ſe tranquillifera
Dans ces momens d'ivreſſe,
On la relevera,
Larira,
Du péché de pareſſe.

LA fécondité qu'on defire
Te manque, & j'en ſouffre pour toi :
Je m'en conſolerois, Thémire,
Si tu pouvois t'en prendre à moi.

D'autres appas enfevelis ,
A parcourir je me difpofe ;
Et déja , fur deux tas de lys ,
J'apperçois deux boutons de rofe.
C'est ainfi qu'un Dieu flatteur
Trompe un Amant qui repofe :
    C'est ainfi , &c.

Je me faifis de fes deux bras ;
Je touche à mon bonheur fuprême ,
Et l'air dont elle ne veut pas ,
Eft plus touchant que le don même.
C'est ainfi qu'un Dieu flatteur
Pouffe l'erreur à l'extrême :
    C'est ainfi , &c.

L'AMOUR charmoit ma vie ;
L'Amour fait mon malheur :
Je plaifois à Silvie ,
Et j'ai perdu fon cœur.
Félicité paffée ,
Qui ne peux revenir ,
Tourment de ma penfée ,
Que n'ai-je, en te perdant , perdu le fouvenir !

Voyez cette eau fi belle ,
Couler fous ce berceau :
Autrefois l'Infidelle
Venoit à ce ruiffeau.
Félicité , &c.

L'amour, le désespoir, la rage,
Tour-à-tour animant son cœur,
Redoubloient encor son courage ;
Enfin il revenoit vainqueur,
Quand, d'une blessure cruelle,
Il se sent déchirer le flanc :
Frappé d'une atteinte mortelle,
Il tombe baigné dans son sang.

Paſſant près de vous, Blaiſe,
Reluquoit vos appas,
Et ſoupirant, diſoit tout bas :
Jarni ! qu'on eſt bien aiſe,
Quand on tient dans ſes bras
Une femme comme ça . . . Ah !

Un jour l'Hermite Luce,
Qui vient ici quêter,
Craignant de ſe laiſſer tenter,
Renfonça ſon capuce,
Et trois fois ſe ſigna,
Vous nomma Satanas . . . Ah !

Adreſſés à Madame la Princeſſe **, par Madame la Comteſſe de **, en lui envoyant un Grouppe repréſentant l'Amitié qui éteint le flambeau de l'Amour.

Aɪʀ : *Vous qui, du vulgaire ſtupide.*

Nos Beautés, aimable Princeſſe,
Ne ſongent ici qu'à charmer,
Et quand il faut plaire ſans ceſſe,
Comment trouver le tems d'aimer ?
Vous le trouvez, la choſe eſt ſûre ;
L'Amitié vous plaît ſans fadeur :
Princeſſe, en voici la peinture ;
Le modéle eſt dans votre cœur.

Loin de vos yeux, chaſſez l'image
　Du ſombre avenir.
L'art de penſer, pour le vrai Sage,
　C'eſt l'art de ſentir.
D'Anacréon, fidéles guides,
Les Jeux l'entourerent toujours;
Et Saint Evremont, dans ſes rides,
Avoit retenu des Amours.

Pour moi, je brave la Vieilleſſe:
　Elle peut venir;
J'animerai de ta tendreſſe
　Mon dernier ſoupir;
Par un aimable badinage,
Je corrigerai ma raiſon:
Il eſt des plaiſirs de tout âge,
Et des fleurs de toute ſaiſon.

UN Esprit fort, dont notre Histoire
Nous conservera la mémoire,
   Dans tous les tems,
Aux Compagnons de sa victoire,
Disoit : » Qu'il ne falloit pas croire
   » Aux Revenans. »

Le long de ſon beau viſage,
Larmes ai vu ruiſſeler ;
Ai ſurpris ſon doux langage
Tendrement me rappeller ;
Lors, n'oſant répliquer mie,
Suis reſté tout en émoi,
Et pleurant avec ma Mie,
Me remis deſſous ſa loi.

C'est Eglé qu'on lui propose;
Il la voit, & dit soudain:
De mes traits qu'elle dispose;
C'est la Rose,
Fraîche éclose
Aux doux rayons du matin.

ON jouoit un Drame héroïque ,
Dont le Poëme léthargique
Se soutenoit sur de grands airs:
Sifflez-donc , me dit un Critique :
Non , Monsieur , je laisse les Vers
Cabaler contre la Musique.

Je ne suis pas comm'ça
Si preste ,

Malepeste ?
Mon mari jaloux, m'a
Mise en cage comm'ça.
La Ceinture funeste
Que vous me voyez-là,
Vous interdit un geste
Comm'ça.

Une histoire comm'ça,
Dit la Belle,
Est nouvelle ;
Quel tour plaisant c'est-là !
L'Abbé, j'en ris comm'ça.
L'Abbé riant comme elle,
Fait ses adieux, s'en va,
Laissant la Demoiselle
Comm'ça.

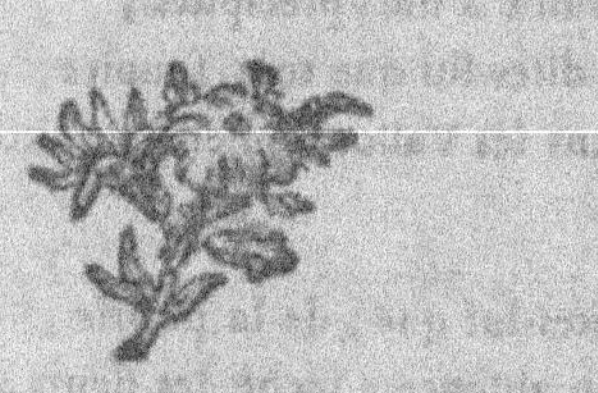

Du Serin qui te fait envie,
Eglé, je te fais le présent ;
C'étoit l'attribut de Lesbie,
Le messager de son Amant.
Sans blesser la délicatesse,
Songe qu'un tel cadeau souvent
Expose un cœur à la tendresse,
Et prépare un engagement.

Oiseau qui savez si bien plaire,
Que votre sort me semble doux !
Vous ne quitterez ma Bergere,
Que de son sein à ses genoux ;
Quelquefois d'un air de conquête,
Échappant à ses jolis bras,
Vous irez chanter sur sa tête,
Et vos plaisirs & ses appas.

Mais quel sera vôtre avantage ,
Aux premiers rayons du soleil !
Vous sortirez de l'esclavage ,
Pour la baiser à son réveil.

A

B

C

D

E

I

J

L

M

N

O

P

T

U

V

Fin de la Table.

ERRATA.

PAGE 144, T. I. ligne 11, Madame la Marquise du Deffant, *lisez* M. le Marquis de Chauvelin.

www.ingramcontent.com/pod-product-compliance
Lightning Source LLC
LaVergne TN
LVHW020953050726

842519LV00001B/231